赢

无处不用的谈判术

陈功 梅霖 著

江苏凤凰文艺出版社
JIANGSU PHOENIX LITERATURE AND ART PUBLISHING

图书在版编目（CIP）数据

赢：无处不用的谈判术 / 陈功，梅霖著．-- 南京：江苏凤凰文艺出版社，2020.11
ISBN 978-7-5594-5063-0

Ⅰ．①赢… Ⅱ．①陈… ②梅… Ⅲ．①谈判学 Ⅳ．①C912.35

中国版本图书馆 CIP 数据核字（2020）第 148342 号

赢：无处不用的谈判术

陈 功 梅 霖 著

责任编辑 刘洲原
策　　划 田鑫鑫
内文插图 木木画书
责任印制 刘 巍
出版发行 江苏凤凰文艺出版社
南京市中央路 165 号，邮编：210009
网　　址 http://www.jswenyi.com
印　　刷 北京金特印刷有限责任公司
开　　本 880 毫米 ×1230 毫米 1/32
印　　张 7.25
字　　数 140 千字
版　　次 2020 年 11 月第 1 版
印　　次 2020 年 11 月第 1 次印刷
书　　号 ISBN 978-7-5594-5063-0
定　　价 49.00 元

江苏凤凰文艺版图书凡印刷、装订错误，可向出版社调换，联系电话 025-83280257

前言（一）

不知道是什么原因让你翻开了这本书，但相信一定是有什么吸引了你。我相信所有我们拥有的东西都是被我们自身吸引来的，就像当年的自己，因为工作的需要和挑战，尝试突破自身局限性的时候，而被“谈判”这门学问吸引一样。

我是本书的作者之一，陈功，近20年来，做过HR、猎头、培训师，有人开玩笑说这是把“甲乙丙”三方都“抡圆”了一遍。虽说职业不同，但相同的是，每天要面对客户，面对选择，面对结果，会需要用到很多能力，而“谈判”这项能力无疑是对我帮助最大的。非常庆幸在刚进入职场的时候，就有机会系统学习专业谈判技术，并受益至今。

这也是我把专业谈判技术分享出来，让更多朋友也能受益的初心。

当我和梅霖老师谈起这个想法时，“索性咱们就出本书吧”，一拍即合。

我与梅霖老师是在公益活动中相识，至今已经十多年了。在生活与工作中，我们既是各自领域的谈判课程培训师，也是谈判这门学问的研究爱好者。

我俩在这些年的交流切磋中，经常迸发出不同的火花，带来不同的启示和想法。我俩风格也很互补，于是联手打造了“顾问式谈判”的专属课程。

有人说，2020年我们在不断见证着历史，作为培训师，梅霖老师和我也希望留下我们独特的历史。客观上，也是因为没有了每周要出差或培训的借口，而终于有了大把在家的时间可以静下心来写出一直想写的东西。

如果只能说本书的一个特点，那就是内容和案例都来自上百场顾问式谈判课程。我们观察上万名学员的情境练习，以及经过无数实践反馈后提炼出了精髓。本书的内容真真实实帮助过我，也帮助过上万名学员，希望能最终帮助到你。

祝愿大家都能成为自己心目中的那个“顾问式谈判者”，让客户和自己获得更多的“双赢”。

陈功

2020年5月1日

前言（二）

无论你是否愿意，你也是一名谈判者。在我们的生活中有大量的谈判场景：向客户销售产品，向老板争取预算，让同事协助帮忙，甚至让淘宝卖家免费包邮……但遗憾的是，大部分人对如此重要的生活技能却知之甚少。

谈判是人与生俱来的技能吗？是，也不是。如果你有孩子的话，就知道他们有谈判的本能。刚出生的婴儿就懂得“会哭的孩子有奶喝”这个最简单的谈判原理。三岁的孩子知道如何为了吃一颗糖而跟父母斗智斗勇，十岁的孩子明白想多要一点零花钱时，应该找父亲还是母亲。然而就像人人都会唱歌，但还需要音乐学院一样，谈判技巧也需要后天系统地学习。因此，谈判是艺术、技术，也是科学。

在过去十多年中，参加过我的培训班的学员数已经有几万，其中不少人在课后跟我保持着长久的联系，并告诉我谈判课程中学到的技能在其工作和生活中产生的帮助。在被专业技能武装过的谈判者面前，人们本能的原始谈判能力完全不堪一击。

一直以来，将培训中的课程内容变成文字，让更多没有机会走进课堂的人了解并使用谈判技能这一想法在我脑海中萦绕。但平日往返中美之间为客户授课的忙碌又让写书的计划一再搁置。2020年初，新冠疫情席卷全球，培训工作也随着客户的纷纷停工而暂停。在与同在海外的好友陈功老师在线聊天时，我们一拍即合，决定利用这段相对空闲的时间完成此书的合著。

与陈功老师结识于多年前的公益活动中。作为一名乐于分享的培训师，他在猎头行业广受学员的欢迎。这几年的合作中，我们发现了彼此相通的价值观和互补的知识和技能——我对甲方客户的了解和他多年的乙方经验。在我俩进行了大量访谈和调研后，我们发现市场上并不缺少谈判的书籍，但却鲜有针对专业顾问的实战谈判读物。于是，我们从以往培训的现场录音录像中挑选了适用不同场景的片段，并将其还原成文字，希望给予读者身临课堂的感受。

梅霖

2020年5月1日

目录

谨以此书献给每一位谈判者

第一章

顾问式谈判

第一节　让客户有赢的感觉

培训师掏出一张百元纸币说："接下来，我们进行一场特殊的谈判。请大家找到隔壁的学员，甲乙两人一组。试想我会送给每组搭档100元，你们二人就要分这笔意外之财。分配规则如下：甲，你可以提案分配比例——对半平分、三七开、四六开，甚至九十九比一。但是，你只能进行这一次提案。乙，你无法提案，只能选择'接受'或者'不接受'甲的提案。如果你选择了接受，那么你就拿走甲余下的钱，哪怕只有1块钱；但如果你拒绝了甲的提案，这100元就会被我收回，你们俩什么都得不到。请问，甲提出何种提案的情况下，乙会选择接受？"

"当然是对半开，每人50元啦！"前排的一位女生在座位上抢答道。

"我不贪心，只要四六开，对方给我40%就接受啦！否则没门！"隔壁的一位男士自言自语道。

培训师笑着说："每个人都可以有自己的正确选择。不过，从经济学角度来想，你们觉得乙应该接受甲的哪种提案呢？"

"我想，哪怕是一分钱吧。"教室后排一个人轻轻地回答，

“总好过什么都分不到呀！没有理由拒绝白送的钱！”

“但是，那不公平！”要求对半开的女生叫道。

培训师讲解道：“所以，我们看到，人们在决策的时候并不会只以‘利益’作为唯一考量。‘感受’也在其中扮演重要因素。在这个案例中，仅仅因为对方拿走了多数的利益而拒绝接受剩下的利益显然是不明智的。但这却是人们惯常的行为：‘杀敌三千，自损八百。’其中暗含了一个逻辑——你提出了不合理的分配方案，所以我要用拒绝交易来报复你。这样的话，我损失得比你少——我觉得我没吃亏。

“现在，让我们回到谈判的目标设定。大多数人衡量谈判是否成功的标准是：有没有得到自己所期望的条件——价格、账期、付款方式、服务范围……但往往却忽略了另一个成功标准：给对方谈判者留下的感受。要知道，如果对方没有赢的感觉，就会做出像刚才案例中不符合经济学的报复行为，留下双输的结果。

“因此，在设定谈判目标时，‘给予对方赢的感觉’就变得尤为重要，包括让对方觉得在被公平对待了，让对方觉得被尊重，被理解，让对方觉得结果是合理的等等感受。”

以上几乎是每次发生在我的谈判培训课堂中的场景。有一回在茶歇休息时，一位来旁听的人力资源经理跟我聊起她的反思：

“好几次，我在跟员工终止劳动合同时都觉得想不通。我们公司遣散员工时严格按照劳动法规定，而且给予的赔偿明显高于市场标准很多，但当事人却往往拒不接受，即使知道自己完全无法胜诉，仍不惜上诉至劳动仲裁部门甚至法庭。今天的这个分100元钱的案例让我终于顿悟，他们的拒绝其实不是因为赔偿太少，而是觉得在过程中未被尊重和合理对待。如果部门领导与HR在遣散过程中多一些人性化的沟通，让员工发出自己的声音来，谈判结果一定对彼此都更好。”

亲爱的读者，现在就让我们带着“让对方有赢的感觉”这一目标，进入到后面的谈判课程去吧。

尊重
理解
公平

第二节　顾问式谈判的由来

许多年前，“顾问”还是一个比较专业的称呼。当某人被介绍为顾问时，总让周围的人肃然起敬。但曾几何时，顾问一词也开始大众化。似乎所有行业的销售都可以自称为顾问。那么，到底什么是“顾问式谈判”呢？顾问式谈判与其他谈判方式有什么不同呢？

首先，相比其他谈判方式来说，顾问式谈判往往发生在商业环境中。这是一个更复杂的场景，除了价格之外，谈判者还要考虑付款方式、服务范围、适用标准、合作方式、账期、违约赔偿等变量。

其次，由于面对的客户往往规模较大，牵涉的利益相关者众多，决策过程会更为复杂，决定由多人共同做出。

最后，谈判活动是为了双方后期的合作或项目开展，谈判结束了，生意才开始。

无论处于咨询业、金融业、广告行业、法律援助业、艺术行业、健康医疗行业或者工程服务业，你都会或多或少地发现顾问式谈判的存在。

在顾问式谈判中，我们往往会考虑两个因素：关系和结果。一方面，你希望达成你的商业目标；但同时，你也希望跟客户维护良好的关系。如果我们做出一个商学院常用的矩阵图，就可以看见横纵坐标划出了四种不同类型的谈判风格。

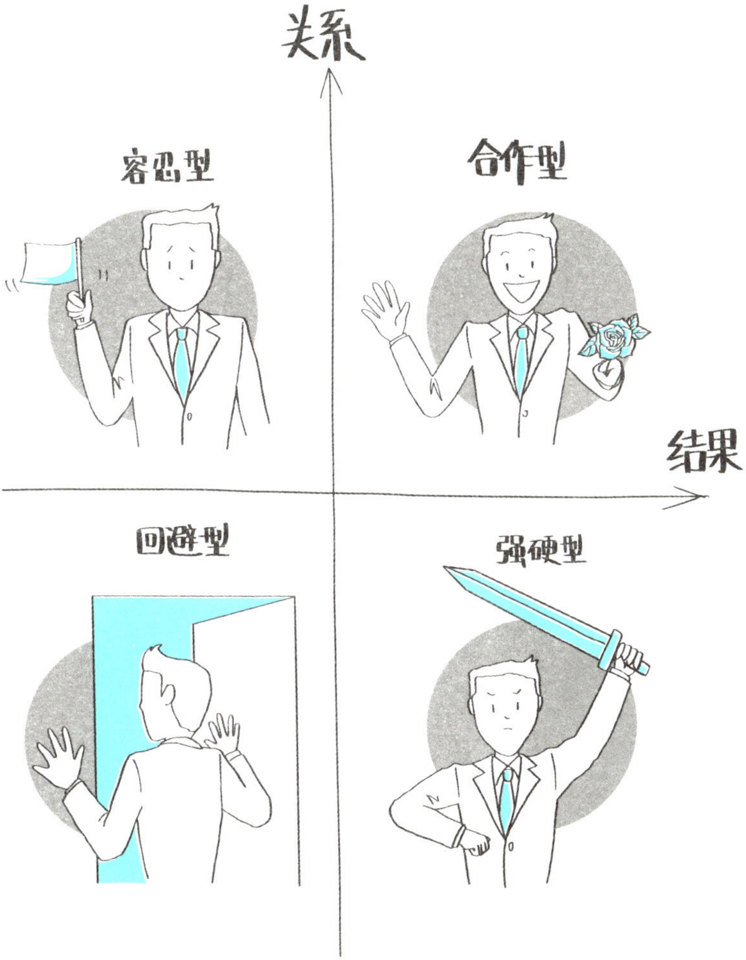

高关系与低结果。我们把这种风格称为“容忍型”：以牺牲自己的利益满足对方来确保关系。习惯这种风格的谈判者往往更看重长期利益。

低关系与低结果。我们把这种风格称为“回避型”：尽量逃避谈判，希望用别的方式解决问题与争端。习惯这种风格的谈判者往往更早离开谈判桌。

高关系与高结果。我们把这种风格称为“合作型”：既看重与对方的关系，又兼顾商业结果。习惯这种风格的谈判者往往会深入研究对方诉求背后的利益，通过与对方利益交换来争取互利的局面。

低关系与高结果。我们把这种风格称为“强硬型”：不妥协，运用己方的优势争取最大的利益。习惯这种风格的谈判者将是否达成自己的利益目标作为衡量谈判是否成功的主要标准。

我喜欢在培训课堂中向学员提问："你们觉得哪种谈判风格是上策？"几乎每次得到的压倒性回答都是：合作型！

对于这个答案，哈佛谈判课的创始人威廉·尤里不太同意。当被问起时，他说："理想情况下，我们都希望跟对方达成双赢。但有经验的谈判者明白，在很多情况下这只是一厢情愿。如果有一个最好的谈判风格的话，那就是'看情况'。"

所以，亲爱的读者，你的测试结果是哪种类型呢？现在，就进行一次自我测试吧。

个人谈判风格测试表

本表可以帮助评估你的谈判风格倾向。请仔细阅读以下陈述，然后根据你在谈判中所采取的方式，对每一陈述给出与你情况最符合的分数。请不要思考过多，尽量使用第一感觉去评分。

完全不符合 ---------------------- 完全符合

1------2------3------4------5------6------7

1. 当客户要求我降低价格时，我会告诉他降价权限不在我，需要跟公司讨论后再回复。

2. 当客户以“不需要新供应商”为理由拒绝我时，我会告诉他有机会再联系吧。

3. 当客户以“我们的法务规定”为理由拒绝修改合同条款时，我只能接受该条款。

4. 当客户以“公司付款账期一贯是180天”提出要求时，我会指出自己的要求是30天，否则很难合作。

5. 在跟客户报价时，我总会调高自己的开价。

6. 如果客户显示出为难的情绪，我会适当降低自己的条件维护关系。

7. 即使客户的降价要求在可接受范围内，我也总是在让步时向对方索取些利益。

8. 客户要求跟我的老板直接谈时，我会立即让他们互相进行联系。

9. 在进入谈判前，我一般不会为自己设定底价。因为我希望自己更有弹性。

10. 客户告诉我其他部门领导不满意我的方案时，我会询问该部门领导的需求并给予客户如何回复该部门领导的建议。

11. 我已经给客户打了三次电话，对方都说没时间。我觉得最好不要继续把时间浪费在他身上了。

12. 客户建议先用低价进行首次合作，等满意后下次再调整价格时。我会接受这样的要求。

13. 客户称如果满足其价格要求，就把明年的订单都给我。我也会坚持自己的报价拒绝让步。

14. 客户以结束谈判威胁我让步，我只能接受他的条件。

15. 某大客户在项目执行的前一天突然说领导当日没空参加，要求调整时间。我会按客户要求积极配合他在公司内部协调，同时提出按合同进行违约赔偿。

16. 客户以“多次合作”为由，要求我方降价。我会告诉客户，公司采取的是统一定价。

请将前页每题的打分抄写到下方表格对应的序列阴影空格中，并在完成后纵向加分。得分最高的就是你的主谈判风格。

	容忍型	回避型	强硬型	合作型
1				
2				
3				
4				

5				
6				
7				
8				
9				
10				
11				
12				
13				
14				
15				
16				
统　计				

你的主谈判风格是什么类型呢？请记得，一位优秀的顾问式谈判者会灵活运用自己的风格，应对不同的谈判场景。

第三节 不同的谈判风格

我们在上一小节介绍了四种不同的谈判风格，你的测试结果是什么呢？我们来详细看一下这些风格的各自特点吧。

容忍型

虽然很少有谈判者声称自己惯用这种风格，但根据我们长期的观察，在实战中这一类型的人确实不少。容忍型谈判者是比较容易被识别出的，或许出于害怕谈判破裂的缘故，他们会比较轻易地割让自己的利益满足对方。潜意识告诉他们，一个不及格的谈判结果总好过“没有结果”。有时候，他们也会向他人咄咄逼人的行为说“不”，但这种拒绝更像是形式上的抗议。只要对方强硬地威逼几次，容忍型谈判者立即就缴械投降了。

然而，容忍型谈判风格并非一无是处。事实上，在我们培训课堂的模拟谈判中，他们往往是最先跟谈判搭档达成协议的人！容忍型谈判者给对方留下“随和”“好说话”的印象，所以谈判结束后，双方往往显得其乐融融的样子。所谓“吃亏就是占便宜”，一定程度上满足对方的利益更利于建立长远的合作关系。

容忍型谈判风格更适合以下这些场景：

1. 保持与对方的合作关系是极为重要的目的；

2. 当你意识到局面对你不利，出于最小化损失时；

3. 你需要快速跟对方达成协议；

4. 对方的备选方案远远优于你方。

回避型

有些人回避谈判是因为害怕，而还有些人只是不喜欢而已。回避型谈判者不愿意花时间和精力在跟人打交道上。他们中的一些人甚至不认为自己需要谈判——“谈判的事情应该交由专业的人去负责”。如果可以选择的话，他们更愿意接受“明码标价，谢绝还价”的交易。比如，去超市买菜就好过在菜场讨价还价。每当对方说到“我们今天就谈到这里，下次再说吧”时，回避型谈判者就在心里松了一口气。

虽然运用回避型风格往往得不到结果，但谈判本就没有百分百达成协议的啊！如果你明知跟对方无法取得一致，那不如趁早换别人去跟对方谈呢。另一些情况下，谈判并非性价比最高的选择（考虑到投入的精力与可能的产出），不如选择直接接受“市场指导价”。

回避型谈判风格更适合以下这些场景：

1. 比起你来说，其他人（你的合作伙伴，搭档等）更适合这场谈判；

2. 你感觉到对方谈判者不值得信任；

3. 你确认无法通过谈判扩大双方利益；

4. 双方的要求差距太大，不值得投入时间和精力。

合作型

合作型的谈判者能在不损伤彼此关系的前提下捍卫合理的自我利益。他们清楚地知道局部的让步可以获得全盘的胜利，所以他们不会顽固地坚守自己的立场，而是通过了解双方利益所在实现双赢。对于合作型谈判者来说，“满足自己的需求”远比“赢得一场谈判”更重要。

在我的线下课堂中，自我测试结果为“合作型”的学员往往显得比较满意。合作才能双赢，不是吗？但在现实中，双赢关系必须建立在一定的信任基础上。这也意味着谈判双方均需要投入不少的时间与精力去建立和维护这样的信任基础。

合作型谈判风格更适合以下这些场景：

1. 谈判双方有过良好合作基础，容易建立互信；

2. 谈判没有时间压力；

3. 双方均意识到建立长期关系的重要性；

4. 双方在很多问题上采取灵活的立场。

合作型

强硬型

强硬型

顾名思义，强硬型谈判者坚守自己的立场绝不让步。他们通过竭力巩固自己在谈判中的优势地位而维护自我利益最大化。他们倾向于将对方谈判者视作自己的竞争者，因此任何的妥协都是懦弱的表现。极端的强硬型谈判行为包括针锋相对、指责对方、施加压力、拒绝沟通甚至以结束谈判为威胁手段。

运用强硬型谈判风格的好处似乎不言而喻——逼迫对方让步。但是，这一目标并不是总能达成：一方面，这容易激发对方也采用强硬型谈判风格而导致谈判破裂；另一方面，即使最终谈判成交，也会让对方失去“赢的感觉”。

强硬型谈判风格更适合以下这些场景：

1. 建立长远关系并非最重要时；

2. 感觉到对方一再占你便宜；

3. 原则性问题的谈判；

4. 其他必须要“做恶人”时。

如果你在统计结果时发现自己在四种类型中都给予了一定的分数，那说明跟大多数人一样，你并不只使用单一类型的谈判风格。谨记，你需要灵活使用这四种风格！

第四节 顾问式谈判基本要素

相信不少读者对谈判这门学问已经有所了解，可能也有些是初次接触谈判。

那么在谈判中，尤其在“顾问式谈判”中，有哪些关键的核心要义呢？我们一起来梳理下：

1. 谈判的目标是什么？

双赢？

是的，人人都想“双赢”，但现实是，如果处理不好，经常是“输赢”。

所以我们换个角度，如何看待“双赢”，是有的赢了“面子”，有的赢了“里子”，那么双赢的概率是不是大大提升？

所以我们的目标是，争取“双赢”或者至少让对方有赢的感受。

谈判目标

2. 谈判的方式又是什么?

谈判的方式，如果用三个字来描述，就叫“抛方案”。

如果再进一步讲就是“不断地抛方案”。

然后优秀的谈判者会“不断地抛优质方案”。

严格意义上说有很多情况，不能叫作谈判，叫“通牒”或者“吵架”可能更合适（尤其把一句话翻来覆去说上无数遍，而幻想对方会突然接受）。

大多时候谈判不能推进，不能令对方接受甚至卡住了，是因为没有给出“新方案”。

举个最简单的例子。比如你想邀请一位朋友吃饭，你问他：“想吃什么？”

“随便。”

“那去吃火锅？”

“火锅太辣了，不想吃。”

“那去吃小龙虾？”

“小龙虾昨天吃过了。”

“那要不去烤肉吧？”

“好啊，烤肉不错，走吧。”

你看，随着“火锅”“小龙虾”“烤肉”等一个个不同的方案抛出来，离达成一致的目标也越来越近（当然商务谈判肯定比这复杂很多，但原理是相通的）。

如果纠结在：“你说‘随便’，为什么我说了火锅你又不去？火锅有那么辣吗？”那么双方就陷入“说服”甚至变成“僵持”的局面（很多“天”就是这么聊死的）。

记得准备好不同的方案，只有抛出不同的新方案，谈判才会有新的进展。

谈判失败的大多数原因是没有新的方案，而在争执“谁对谁错”，忘记了谈判的目标。

3. 谈判的必要准备是什么?

必要准备是“准备”好“两根线”:

一根是底线;

一根是理想线。

理想线也相当于你的开价线，很多人因为没有设置理想线而随口说了一个方案（比如一个价钱），说完又后悔了。导致受益减少甚至亏本买卖。

底线相当于你的红线，没有特殊原因不能踩破。

我们在线下大量实战谈判的培训中，发现大家往往会设理想线，但是很少有人设底线。甚至有学员笑称：“不设底线就意味着永远不会突破底线。”

但是不设清晰的底线在商业活动上是很可怕的，大家可能都遇见过为了一个东西花出去比预算多得多的钱，回头看的时候，也惊讶自己为什么当时没管住自己，这类事情的发生很大原因是因为没有设置底线。

谈判准备

4. 双方能够坐下谈判的基础是什么?

筹码。

一个形象的例子是如果在赌场，想象一下，荷官会为一个没有筹码的人开局吗？有人说也不尽然，如果你是一个名人或者王子的话，当然会有特例啊。

对的，在商业谈判中，这个筹码可能是有形的，也可能是无形的。比如说有形的是钱，是资产，是产品。无形的呢，可能是品牌，是身份，是头衔。

很多朋友在谈判前没有完整的“盘点”过自己的“筹码”，很多学员会和我们说：“我来自一个普通的公司，自己工作也没几年，加入这个行业更是不久，马上就要和一个500强的客户谈判，我真的不知道我还有什么筹码。”其实通过盘点，他会发现自己的“无形筹码”还不少，比如过去的成功案例，团队的整体实力等等。

谈判基础

以上几点构成了“顾问式谈判”的基础，了解这些要素，意味着您对于顾问式谈判已经有了整体的掌握，也有助于你对后文案例和解析的品读。

我喜欢在培训课堂上向学员提问：“你在跟谁谈判？”对于商业顾问来说，这个答案似乎显而易见：我在跟客户谈判。那么，谁又是你的客户呢？我得到的答案往往是这样的：“我的客户是一家欧洲的汽车配件公司”“我的客户是一家体量很大的央企，我的客户是一个本地食品加工企业……”

然而，请仔细思考一下，你并不是在跟这家公司谈判，因为公司其实只是个抽象的名词。比如某次培训中一位来自思科的学员告诉我，他在工作中需要跟苹果公司谈判。那么他是在跟乔布斯或者提姆·库克（现任苹果公司CEO）谈判吗？显然不是。

阿里巴巴前任CEO卫哲聊起过跟马云的对话。马云曾经问卫哲：“你认为什么叫作B2B？”上海外国语大学毕业的卫哲毫不犹豫地回答道：“B2B不就是Business to Business（商业对商业）吗？”然而，马云却不认可这个简单的答案。马云说：“B2B应该是‘Business People to Business People’（商业人士对商人人士）。”

卫哲回忆道：

当时，阿里的网站上有个叫作“商人社区”的栏目，这个栏目主要定位是用于商人的观点和商业资讯的交流与碰撞，我一开始也没觉得有什么价值。但因为这个栏目放在阿里网站的首页，而且位置非常醒目，我们的一些年轻同事就说：“哎呀！这个位置干吗放这个呢？要是卖广告岂不是更好？一天200万~300万人民币，几乎无成本，每年可以无成本赚得上亿利润啊！”于是，我就听了这些同事的意见，把这个地方给了广告，把“商人社区”转而放到首页一个不显著的位置。

没想到马云因为这件事在夜里给我打电话，在电话里他很大声地说：“卫哲，你把这个位置变成卖广告的区域了，你不想活了！公司不想活了！上市压力把你逼疯了吗？”我一开始对此还不太理解，商人社区有这么重要吗？没有必要放在这么显著的位置吧？但马云却说，“B2B本身交易行为是低频率的，商人不可能天天都能做成生意，但是天天来这里逛逛，互相交流一下是可能的，所以商人社区放在这么醒目的位置是很有必要的。”

这个事情告诉我们，我们做B2B，包括当时的我在内，都会犯一个错误，就是容易一开始先去想企业有什么需求。但这是个误区，因为企业是死的，只有企业里面的商人是活的。无论是交易型B2B，还是服务型B2B，真正来使用这个平台的，一定是人。

所以，如果商业的本质是“人”，谈判的对象应该也是“人”，而非“公司”。我的这位学员代表思科公司，跟某位代表苹果公司的人进行了谈判，而你也在跟某位代表你客户公司的人进行谈判。

为什么明确这一概念如此重要？因为一旦我们明白对方是一个具体的人，我们就能以“人”的角度换位思考，并且预期对方的行为了。

成功学大师卡耐基在他的著作《人性的优点》与《人性的弱点》中讲述了很多人们做决策的特点：人都是非理性的，人都追求美好的事物，人都恐惧未知，人都因循守旧，人都有偏好……而著名的心理学家亚伯拉罕·马斯洛也以金字塔的形式提供了探索人们需求不同层次的方法。

亲爱的读者，现在请你思考一下最近的一次谈判，你的客户是谁？

第六节　高情商谈判者

现代职场人士对“情商”一词肯定不会觉得陌生。早在25年前，丹尼尔·戈尔曼就出版了名为《情商：为什么情商比智商更重要》的畅销书。在最近对一个谈判者的大范围调查中，研究人员发现那些情商更高的人往往容易获得更利于自己的谈判结果。

那么到底情商由哪些要素构成？戈尔曼将其概括为四个部分：自我意识、自我管理、社交意识、社交技能。我们来看看优秀的谈判者如何在这些方面提升自己。

自我意识与自我管理：即意识到当下的情绪，以及控制自己的情绪，而不为情绪所吞没。

意识到自己的情绪其实并不容易。就像醉汉往往声称自己很清醒一般，我们也会看到有人在吵架中异常愤怒而声称自己只是在“跟对方讲道理”。戈尔曼称这种状态为“被情绪吞没”。如果醉汉没有意识到自己当下的状态，就可能有危险的举动——比如继续驾驶汽车而引发车祸。同样，一旦人们被情绪吞没，就容易说出让自己后悔的话，做出让自己后悔的事。

比如，当你觉得谈判中客户依仗自己甲方的优势将你方的产品数落得一无是处时，你的羞辱感会油然而生。愤怒之下，你也摆出“爱买不买”的强硬姿态回应，双方不欢而散。

再比如，你花了两周时间准备的工程建议方案被客户告知严重超出其预算。在彻底失望的情绪下，你质疑起自己报价的合理性，一下子就将报价下调到自己原先的底线以下。

正确意识到自己的情绪才能更好地管理情绪，甚至善用情绪。就像冲浪运动一样，高手们都会时刻查看海水走向，预测下一个浪拍打过来的时间与力度，让自己立于浪尖之上。

兴奋、喜悦、激动、失望、伤心、无助、恐惧……这些都是人们的正常情绪。专家告诉我们，情绪没有好坏之分，行为才有。因此，自我管理其实更是行为管理——管理自己在特定情绪下的言行，以得到希望的结果。

社交意识与社交技能：即意识到他人情绪，正确对待他人情绪从而与他人建立积极关系。

我们都遇到过这种人：和他交流起来特别舒畅，仿佛在跟自己对话。一次沟通，你就愿意把他当作朋友。其实这一切只是因为他特别能照顾你的情绪。

如何洞察他人情绪？观察与聆听。首先，观察对方的肢体动作与表情，甚至微表情。大部分时候，人们的情绪就隐藏在皱眉、摸鼻子、目光以及离大脑最远的脚尖上。其次，积极的聆听，关注对方的语音语调和那些欲言又止的话（我们会在后面章节详细介绍）。

当你了解对方情绪后，试着直接告诉他：“王经理，我发现您有点焦虑。”“张总，我觉得您今天好像特别开心的样子。”一旦对方觉得自己的情绪被理解，良性的人际关系建立起来了。

各位读者，今天就开始提升你的谈判情商吧。

社交意识与
社交技能
自我意识与
自我管理

第二章

谈判的心态

第一节 嫌货才是买货人

我每次在做谈判培训的时候，都会问学员："你最喜欢和最不喜欢的客户分别是什么样的？"

当然，最喜欢的客户答案很一致，就是那些"很爽气的""直接就下单，还对我们特别客气的。"

对于最不喜欢的客户，就五花八门一点，但很多学员会说："挑剔的客户。"

但如果我们仔细想一想，虽然挑剔的客户有时候是挺折磨人的，但我们最不想碰到的客户，可能是叫"原来你什么都不想要"的客户。他可能觉得你的东西很不错，也不挑任何毛病，但是他就是不购买，不合作。大家想想是不是？

其实这个道理也很简单，如果我们自己出门买东西，什么样的情况下，我们会不挑剔呢？大多是因为我们真的对这件东西没兴趣。比如，大家可能都有这样的体验：当你在逛商场的时，路过一个柜台，有人来问："您要不要来了解或者体验一下这个产品？"

你说："不用不用……"

又问："您看了觉得我们这个产品如何？"

你会说：“非常好，非常好。”边说边会加速脚步快速朝门口离去。

那什么时候我们开始挑剔呢，其实是我们对这个东西有兴趣，甚至是看上了这个东西，我们才会问东问西，想拿到一些更好的条件。

所以有经验的销售顾问，相较于普通人来讲，当他们遇到客户“挑剔”的时候，无论是关于价格、品质、交付周期、颜色、款式等等，他的内心反应不是说“哎呀，客户是不是觉得我们产品不行，不想买了，”而是“看来客户对这个方面很关注，也有兴趣。”从而把“挑剔”看作是一个利好信号。

当然，应对客户的“挑剔”有很多回应的方法，方法的不同也会导致结果的不同。这些方法我们也会在后面的篇章一一展开。但至少有一点，很多来参加我们谈判课的学员会有一个心态的改变：就是开始慢慢接纳和享受客户的“挑剔”，并看作是通往成交的机会，正所谓“嫌货才是买货人”。

第二节 相信客户是喜欢你的

我经常在谈判课上问学员一个问题："你和客户谈判的时候，尤其是初次谈判的时候，你的状态是什么样的？"答案各式各样，而有一个答案比较常见，那就是："我有点紧张，有时候甚至希望对方把谈判取消。"（大家哄堂大笑）

那我就问学员："为什么呢？"

"因为我觉得客户可能不喜欢我。"

"那你是怎么知道的呢？"

"我也不知道，我的感觉吧。"

那我就反问："既然你不确认，那我们可不可以换个思路，觉得客户可能是喜欢你的呢？"

"这个……没这样想过……"

看了这段对话，你是不是也会会心一笑，或者想起了类似的经历？

成为培训师之前，我自己做猎头顾问很多年，每天也需要和很多客户做商业谈判。回想起来时发现，谈判前，如果自己内心是有忐忑的，拿不准客户对自己的感觉，谈判中就很容易跟客户有明显的距离感。

但是，当我每次给自己的心理暗示是：“他为什么会愿意跟我谈呢？一定是我能给他提供价值，客户一定是喜欢我的。”我就更期待去跟我的客户沟通，也更热情、更主动。不知道是不是客户也听到了我的“内心的声音”，客户也很容易对我报以同样的举动。谈判就会更加的顺畅。

后来，我才知道，这在心理学中叫作“镜像效应”。也就是说一方的行为会吸引对方做出类似的回应。

所以，当我们“预判”对方可能会不接受我们，挑战我们的时候，我们的沟通自然也会带着犹豫和试探，甚至对抗。或者不断地在寻求对方的认同，试图赢得对方的喜欢。

而当我们先做了一个“预判”说“你是喜欢我的，我们之所以能坐下来谈这个事，我们一定是有共同的需求点的，否则我们也不可能沟通，也没必要沟通，所以你是喜欢我的。”这样的自我激励不见得准确（但是觉得“对方不喜欢你”也未必准确），但这种“迷之自信”会很容易把我们和客户带到一个“共赢”的氛围里去。

所以，大胆地告诉自己“客户是喜欢我的”，然后再去谈判吧。

第三节 拒绝也是谈判的一部分

谈到“拒绝”这件事，相信很多人都谈不上喜欢。但现实是，在谈判中，总会有“拒绝”产生：不是客户拒绝了你，就是你拒绝了客户，甚至无声的断联也是一种无声的拒绝。那对拒绝这个事，我们是不是可以有一些新的认知角度呢？不妨让我们从几个方面来看一看。

1. 拒绝是谈判的一部分

如果有人说：“我从来就没有被客户拒绝过。”

要么他是个新人，从来没有谈判过。就像从来没有恋爱过，就不会失恋一样。

要么他就是高人，把所有的拒绝看作“客户暂时没答应”，早已对拒绝“免疫”，云淡风轻了。

所有人的谈判都是期待“接受”的。但是，大家回想一下，在你的谈判中遇到的拒绝一定比接受多，而且很多成功的谈判，也可能在其中包含了拒绝的过程。

从谈判本身来看，拒绝本身就是一个非常有魅力的、绕不开的元素。如果我们认同拒绝，当我们遇到拒绝时，我们就不至于手足无措或者万分沮丧。

有时候，我们不接纳拒绝，是因为觉得“凭什么被拒绝”“为什么我被拒绝”“你拒绝我的方案和产品就是看不上我”……类似这样的情绪。

但如果我们拉长时间线来看，很多学员做了几年甚至几十年谈判，相信他们早已学会了接纳拒绝，跟拒绝做朋友，甚至从拒绝中汲取经验，更精进了自己的谈判技能。

2. 若你没有做好“拒绝”和“被拒绝”的准备，就不要上谈判桌

如果对于某一场谈判，拒绝和被拒绝不在你的选项里，那建议你不要上谈判桌。

为什么？因为如果你不能接受被这个客户拒绝，很可能你会答应他开出的你原本不会答应的条件，结果也许比没谈成更糟。

同时，拒绝客户也是个难题。很多学员对我说，他们很难做到向客户说“不”。因为他们有一个顾虑，如果跟客户说“不”，尤其是自己终止了谈判，可能以后就再也没法合作谈生意了。

实际真的是这样吗？可能为了谈而谈最后才会真的连朋友也没得做吧。

3. 被拒绝后是最好的二次谈判机会

很多人被拒绝了之后，情绪多少会有些起伏，大多数没有经过专业训练的谈判者会选择换个时间再发起另一次销售或者谈判。

但是，心理学告诉我们，通常一个人在拒绝别人之后，短时期内会产生轻微的内疚感，如果你在这时候提一个更容易一些的要求，从概率上更容易达成。

比如，在谈判中，客户拒绝了你一个10万预付款的要求，你或许可以向他提出：如果10万预付款无法满足，那么账期上约定7天内付款总可以吧？

这个会比你直接单独提出希望7天内付款，被接受的概率是更大的。

不知道读完本节，你对“拒绝”这件事会不会有一些新视角，希望它能帮助你通往成功之路。

第四节　做一个高价值感的谈判者

大概六年前，有个学员在培训课上说："我观察了身边的人，包括我自己，发现一个很有趣的现象：是什么样的人，就会吸引来什么样的客户。客户都是被我们吸引而来的。"

台下的学员纷纷点头赞同。很多人表示他自己也是这么感觉的。每个人身上都有不同的"磁场"，从而吸引来不同的客户。我自己也记住了这句话，回顾自己的经历时发现，还真是这么回事。

如果，你也觉得如此，那你是希望吸引来高价值感，尊重你的服务和品质，并想着和你双赢的客户？还是低价值感的，一直围绕价格打转，总想在你这拿到更多利益，先做一票再说的客户呢？

如果是前者，那么我们自己就应该先做一个高价值感的顾问。而高价值感来自对自己的自信，对产品和服务背后价值的认同。

俗话说：四流顾问卖"价格"，三流顾问卖"产品"，二流顾问卖"服务"，一流顾问卖"自己"。

有句英国谚语叫“People buy from whom they like”（人们总喜欢从他们喜爱的人那买东西）。其实很多客户做出的购买决定，在产品和服务差不多的情况下，是来自于对我们这个人的认可和欣赏。

而且，人很难卖出连自己都不相信的东西，包括自己、产品、服务、价格等等。如果你真的不相信、不认同你所代表的产品和公司，真诚建议可以换个不同的“战场”。

高价值感是谈判的基石，否则和客户的地位如果不平等，即使有很多技巧，但动作会变形，谈判很难达到理想的结果。

希望大家成为一名高价值的谈判者，与高价值感的客户一起双赢。

第五节 跟自己的谈判

有一次我在培训课程上问起大家："你们平时主要跟哪些人进行谈判？"学员们给予了各种答案：跟客户谈，跟老板谈，跟其他部门谈，跟供应商谈，跟孩子谈……但是一个答案却是最有趣的：跟自己谈。是的，相信人们每天跟自己的谈判次数一定是最多的。

你的老板让你跟进一位大客户。十天内电话联系了三次，对方总是回答比较忙，让你下次再打来。今天，你又一次拿起了听筒，内心却觉得客户或许根本不想跟你合作……

你已经在公司服务了六年了。当初老板把你带入这个行业并手把手教你，现在你已经成长为公司的业务骨干。前不久，有猎头来找你，给了你新的工作机会。沟通之后发现那是一个你所向往的平台。但是，今天你想去跟老板提辞职时却犹豫了，你害怕面对他的眼神……

你被一位客户告知从下个月起，对方的账期将从目前的30天调整到90天。你和他合作三年了，至今以最初的价格为他提供服务。这几年来各项成本上升较快，在与他的合作中利润越来越薄。你想借这个机会要求提价，却怕损害彼此的合作关系……

每一天，我们都困扰在“要不要这么做？”的问题中煎熬。如果连自己都很难说服，更别提说服他人了。太多的时候，未能成功与自己谈判最终导致了我们未能成功与他人谈判。

如何解开这样的心结呢？其实你只需要三步：聆听——质疑——强化。

1. 聆听自己的声音

问问究竟是什么让我们纠结？

你很想获得业绩，但内心另一个声音同时响起：你骚扰到别人了！

你向往着个人更好的职业发展，想跳槽到更大的平台，但内心另一个声音责问道：这样做对公司是否忠诚？

你期待着更高的利润，但内心另一个声音却告诉自己：这样做是只认钱不认人！

2. 质疑单一价值观

大部分人成长在单一价值观的环境中：只有一个正确答案。于是在做人生的选择题时，将A与B两个答案对立起来，觉得非此即彼。

我是一个不喜欢给别人添麻烦的人，所以就不要去想自己的业绩。

我是一个对公司忠诚的人，所以就不该跳槽。

我是一个注重长期关系的人，所以就不该考虑自己的利润。

然而，我们其实处在一个多元价值观世界，正确的答案并非唯一，为什么不可以既是A又是B呢？

我是一个不喜欢给别人添麻烦的人，但同时也是关注自己业绩的人。

我是一个对公司忠诚的人，但同时也是看重自己的职业发展的人。

我是一个注重长期关系的人，但同时也是会要求合理利润的人。

一旦转换思维后，我们会发现两者其实并不冲突。我们能同时扮演好这两种角色。

3. 强化自己的信念

看过脑白金广告的人都知道，那三个十年不变的跳舞小人其实是在强化观看者的认知。通过不断地重复广告语，消费者不会奇怪为什么安眠药（褪黑素，脑白金的主要成分）可以当作礼品送人。

因此，认可自己的双重身份后，我们也需要强化信念。最好的方法就是在对方给你施加压力之前先说出来。

“张总，您的工作时间很忙，绝对不希望被骚扰电话打搅，这一点我们明白。但同时我们也非常希望赢得贵公司的业务。所以，为了让彼此效率更高，我们是否可以约一个您方便的时间面对面沟通一下？”

“王总，我已经在公司服务了六年，这期间得到了锻炼成长，也为公司赢得了重要的大客户。但我也希望自己的能力有更大的提升，因此我决定更换到一个更有挑战性的平台工作，这也是我为自己的个人发展负责的表现。”

“Mary，您的公司已经跟我们合作三年了，也是我最早的客户之一。所以我非常珍惜双方建立的良好关系。但同时，我也需要保障我方的利益。现在贵公司提出了延长付款期限的新要求，我方觉得我们应该为此获得相应的回报。”

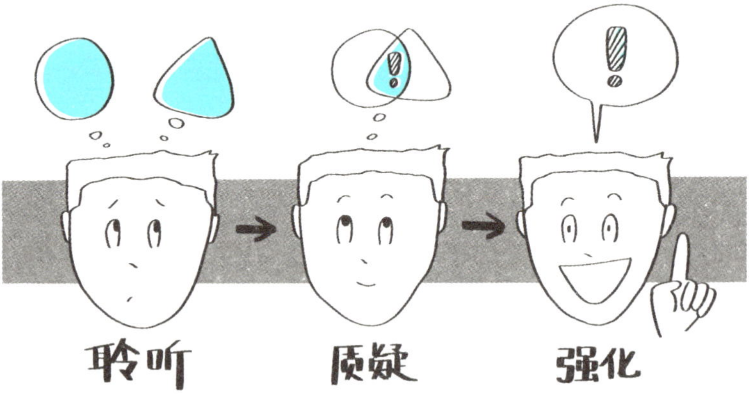

亲爱的读者，现在请思考一下，你在为最近的一次谈判纠结什么？你之后如何成功地跟自己谈判呢？

第六节 对于谈判的“三大误会”

早年，自己在做谈判辅导班的时候，会发现有些学员对谈判有天然抗拒，即使学了谈判的技巧，也不太愿意使用。当问到“为什么”的时候，印象很深的是有一个学员说：“我总觉得谈判像是在耍诈，为什么我们不能直接把自己底线和想法告诉客户，客户能接受就接受，不接受再想办法说服他。”

而且，发现类似这样想法的学员还不少。对于谈判，有一些很典型的“误会”。

1. 谈判像是在耍诈

这个就是上文中学员的反馈，也是最典型的一种误会。感觉不需要用谈判技巧，甚至把谈判与“不实在”画上了等号。

如果不准备谈判方案和跳过谈判过程，那么在缺乏退路和备选方案的情况下，结果可能是“双输”。

把谈判看作是一种沟通技巧，也是为了让双方更好地达成双赢（结果+关系）这一目标而做的努力。会不会让自己更投入呢?

2. 谈判是需要天赋的

有不少学员在谈判失败的时候总会调侃说："谈判这事真的是看天赋啊！"

我们承认天赋会影响学习谈判的速度快慢以及你的谈判风格。

但大家都知道谈判是一门科学加艺术的学问。通过大量的观察，我们发现，掌握谈判的关键，是系统的学习、大量的实践和刻意的复盘。

所以请相信，任何人如果真的特别想掌握这门学问，可能暂时还轮不到"拼天赋"。

3. 谈判就是谈价格

这也是被误会的很深的一个问题，以至于每次在谈判课上，都会强调谈判不仅是关乎价格，更关乎价值。

这个观点大家接受起来容易，但实际上这背后有个隐藏的信念就是对自身产品或者服务的价值认可。

很多情况下，表面上看客户似乎是在跟我们"讨价还价"，而实际上客户真正在意的不是这个价格本身，而是这个价格背后的价值。所以，谈判谈的不仅仅是价格，而是通过有效的方案为客户带去的价值。

这些“误会”是否也曾困扰过你呢？

你又会如何面对这些“误会”呢？

第三章

沟通的力量

第一节 “即时型谈判”vs“非即时型谈判”

“怎样的谈判形式效果会更好？”课堂中学员经常会提出这个问题。

小组讨论后，大家通常会得到类似的结论：“能面对面当然最好，退一步就电话或者视频，实在不方便就只能文字交流了。”

当继续问大家：“平时实际用哪种方式多？”很多学员就露出了迷之微笑。意思可能是：“我知道该怎么做，但往往不这么做。”

这样的情况还挺普遍，很多人对于面对面和客户谈判有抗拒或者担心。更倾向于用邮件或者微信的方式“你来我往”，在屏幕后面似乎会给人一种莫名的“安全感”，对于客户提出的方案，有更多时间思考，可以斟酌之后再回复。

那这些不同的方式对谈判会造成不同的效果吗？

先来做个简单分类。我们可以把见面、电话、视频等，双方在一个频道上，而且需要快速做出反馈的谈判方式，称之为“即时型谈判”。

而相应的，邮件、短信、微信等，双方并不在一个频道上，无须快速反馈的谈判方式，我们称之为“非即时型谈判”。

这两类谈判方式，当然都有利弊。但从实践结果来看。“即时型谈判”的效果会更明显。原因主要有:

1.“见面三分情”

大家都知道谈判中有一个非常重要的维度，是“关系”。有时候谈判成功与否，不只是看谁的方案更优。而是客户有没有“赢”的感受。那人和人之间的“链接”“关系”的远近自然是一个非常核心的因素。

如果连客户面都没见过，那就根本谈不上关系和信任了。

有位学员总结说：“见过面好过没见过面，见面次数多好过只见过一两次的。”

2. 客户意愿的“试金石”

很多学员也反映：“我们是非常想见客户的，想着法子约见与拜访，但是客户总是以各种理由推脱，我自己也不好意思再提见面的要求了。”

确实这是一个商业常态，反过来，这也是一个机会。

客户不可能每个人都见，也不会一个人都不见。

提出见面要求，有50%的机会；不提见面要求，那就是0%的机会。

所以能见到客户，本身已经“跑赢”了很多同行。也可以看出客户对合作项目和顾问的重视度。

3. 展现优势，观察客户

“即时型谈判”可以让你准备的方案，相较于单纯的文字，更加生动地“全方位”展示。还可以避免纯文字沟通而可能产生的“误会”。哪怕发生了歧义，也很容易当场澄清和解释。

同时，根据沟通的“7%-38%-55%”理论。客户的声音，表情，肢体语言包含着大量的信息。无论是见面还是电话，都更能感受，捕捉到客户的反应和变化。也可以帮助我们更好地做出调整和提出新的方案。

总之，推荐大家在有条件的情况下，尽可能使用“即时型谈判”，这样有助于提升谈判的效率和结果。

见面三分情
我们能当面谈吗？
呵呵呵……
搞不清客户的真正态度啊！
这个是啥？
是那个意思吗？

第二节　沟通是以对方的接受度为准

大家有没有这样的经历：家人来和你谈件事，他们语重心长地说了半天，虽然你心中可能有别的想法，但你出于礼貌，也认真听着，然后半天之后，对话结束，可是什么都不会改变。

或者反过来，你跟你的同事或是朋友，你苦口婆心，引经据典，于情于理，就差掏心窝子给对方看了。但似乎对方不为所动。你不死心，还是继续要跟他把道理说通，哪怕心里隐隐觉得或许也没效果。然后你最后得到对方的一句“你说的有道理，但是……”

我想这样的例子也会发生在和客户沟通的场合。几乎每个人，包括你我，都很想把自己的想法和观点尽可能让对方来看见和接受，尤其是在商业领域。

这里有一个我们需要去了解的很重要的原则就是“沟通是以对方的接受度为准。”

培训中有一些谈判练习，很容易观察到很多时候双方都迫不及待要开口，极力地表达自己的观点和方案，甚至有时候还没等对方说完，另一方就开始了。

结束练习，开始复盘的时候，我们会邀请学员反馈，有些人会说：“我明明跟你说了很多次了，但好像没用，你怎么就不明白我说的呢？”

另一方则会说：“实话说，感觉你很自嗨，确实说了很多但我根本听不进，你说的跟我们谈的不是一回事儿啊……”

是不是也有我们身上的影子？我们在和客户沟通的时候，我们的焦点是放在客户身上，还是放在自己身上？有人说那还用问吗，肯定要放在客户身上！但我们如果追问自己几个问题，比如：在客户还在说话的时候，是不是已经脑海中开始想接下来要说什么话了？当你发现客户状态开始变化的时候，你是继续把自己想说的话说完，还是调整你的话题？是要争输赢，还是在意沟通最后的效果？当然这些问题每个人的答案都不尽相同，但我听到过：“我不管，不管结果如何，反正一定要把自己想说的话说完。”

可是，沟通的目的不是为了让对方更好地了解我们，让对方有赢、有被尊重的感受吗？还是说我们自己说得爽不爽才更为重要呢？

理解了“沟通是以对方的接受度为准”，把沟通的焦点放在对方而非自己身上，在意对方的情绪、感受，用对方觉得能接受，舒服的方式来表达我们的观点和方案，才是沟通的意义所在。

第三节　客户的表情/动作会说话

有一个著名的理论说："人际沟通=7%语言+38%声音+55%表情动作"。我猜大家也同意，在一场谈判沟通当中，表情、肢体语言动作，对于整体的影响是很重要的。

一个学员曾经分享过一个例子，他去拜访客户的时候，前面15分钟，由他介绍项目的方案，他的客户一直双手抱胸，面无表情，还时不时看看手表，他说当时就特别紧张，甚至有些出汗，越紧张，说的东西也越乏味。好在他的老板比较有经验，顺势打住了他，说："我突然想起另外一件事……"然后就开始了一个新的话题，几分钟后，他注意到客户的身体慢慢地舒展开了，眼神亮了，双手也开始放到了桌上，还拉了拉凳子，离他们坐得更近了一些，感觉整个房间的氛围似乎都变得轻松了。

他在课上说："其实表情动作真的是很能反应人的内心的状态，最后，这个案子也谈得很顺利。"

那么，让我们来看一看，在谈判中可能会经常遇到的一些客户的表情和动作，以及这背后所代表的意义。

消极的主要有：

1. 抱胸——戒备，不开放；
2. 不时看表/手机——不耐烦，赶时间；
3. 抖腿——紧张不安，感觉无聊；
4. 身体后仰——不感兴趣，回避。

积极的主要有：

1. 身体前倾——有兴趣，仔细倾听；
2. 频频点头——认可，感觉合拍；
3. 双手打开——开放，接纳；
4. 真诚微笑——放松，喜悦。

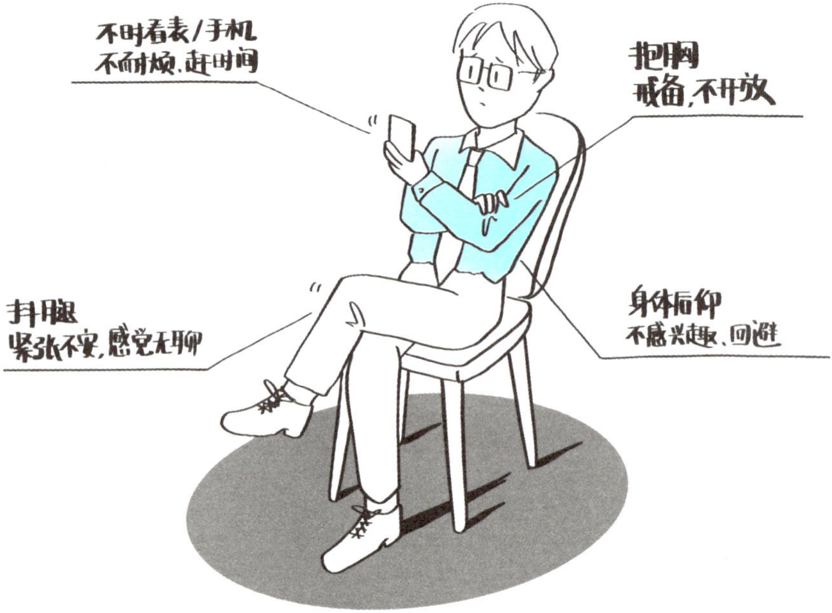
不时看表/手机
不耐烦、赶时间
抱胸
戒备、不开放
抖腿
紧张不安、感觉无聊
身体后仰
不感兴趣、回避

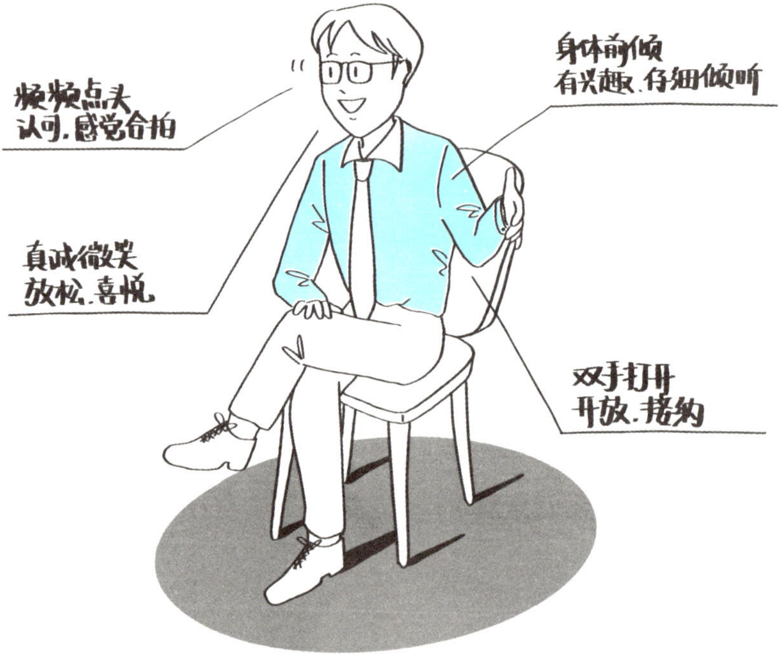
频频点头
认可、感觉合拍
身体前倾
有兴趣、仔细倾听
真诚微笑
放松、喜悦
双手打开
开放、接纳

大家可以脑海中对照下，是不是客户经常有以上这些动作？当然，这些代表大多数正常情况下的感觉，有些极少数的特例我们分开讨论。

了解这些后，我们是不是会提醒自己，在沟通中要开始或更加留心这些信号？如果出现了这些信号，我们是不是也要相应调整自己的节奏和动作？

当我们在观察留意我们的客户时，那猜猜客户是不是也在观察我们呢？

我们是否也要练习掌控我们的表情和肢体语言，以免引起客户的误会？比如在沟通谈判中把手机收起来放在看不见的地方，避免自己瞄手机的时候，引起客户误会，觉得你是想提前结束。也不要无意识地看手表或者抖腿，这都会让客户觉得，可能对这次合作兴趣不大。

甚至我们应该运用相应的肢体语言去赢得客户更多的认同和好感。心理学中有一个“镜像效应”，就是人对于和自己做类似动作的人，会觉得是“自己人”而更有好感。当然，不能太做作像是模仿他们一样。而是自然地展现，比如客户身体前倾了，是不是我们也可以前倾呼应，客户点头的时候，我们也可以自然点头，和客户同频。

注意观察客户的表情、动作。同时，留意自己的（有意或无意识）的表情、动作。让身体语言积极地表达出更有力的态度和想法。让我们的沟通谈判事半功倍。

第四节 “听，问，说”——谈判者的三大法宝

各位读者看到这个题目，可能第一反应是：这三者不是大家都在用的吗，哪有人谈判的时候不用?

没错，我开始也是这么认为的，直到常年上谈判课，做了很多观察后，发现这个道理确实大家都明白，但“理想很丰满，现实很骨感”，在很多谈判练习中，大家通常只使用“说”这个技能，其他两个总是“靠边站”。

此时有个印象很深刻的例子跳入脑海，和大家分享下。大概八年前，我作为教练的身份陪同一位猎头顾问面试一位求职者。当求职者进入房间的时候，猎头顾问上去和她握手，寒暄说道：

“张女士，很高兴见面，你来时路上还顺利吧？”

“还好吧，就是刚才地铁有些挤，脚后跟崴到了。”

“哦，好的，那我们坐下聊吧。”

之所以这件事情过去这么多年，还印象深刻的原因是，当时有震惊到我。那一刻特别体验到了。有种“问”其实就是随便问问，有种“听”，就是听到而已。

后来我把这个观察结果和这位顾问做了系统反馈。此事之后

也注意到大家都倾向于“说”，而“问”和“听”总是被忽略。

后来做了培训工作之后，很多人分享，他们喜欢“说”，有几个主要原因：

1. 好不容易和客户联系上或者见面了，时间有限，特别在电话沟通时，恨不得一口气把内容说完；

2. 很多人从进入职场开始，老板和公司教的就是“话术”，鼓励员工尽可能多推销自己和产品；

3. “说”比较让人有安全感，有种掌握主动的感觉。

随着时间的推移，很多老学员发现有点不对劲，开始总结经验：

1. 既然大家都喜欢“说”，那么是要让自己“爽”还是让客户“爽”呢？当然是让客户有赢的感觉啦。那就尽量让客户多说。

2. 通常一场商务沟通/谈判，如果自己说的比客户多，那结果往往是令人失望的。

3. 越是资深的顾问，越重视倾听和提问，因为“说”的基础是基于客户的真实需要，那么用“问”去挖掘，用“听”去接收，然后再“说”相应的观点和方案，才能戳到客户的痛点和心里。

三者互为循环，互为支柱。而且精准发“问”和用心倾“听”是“说”的基石。

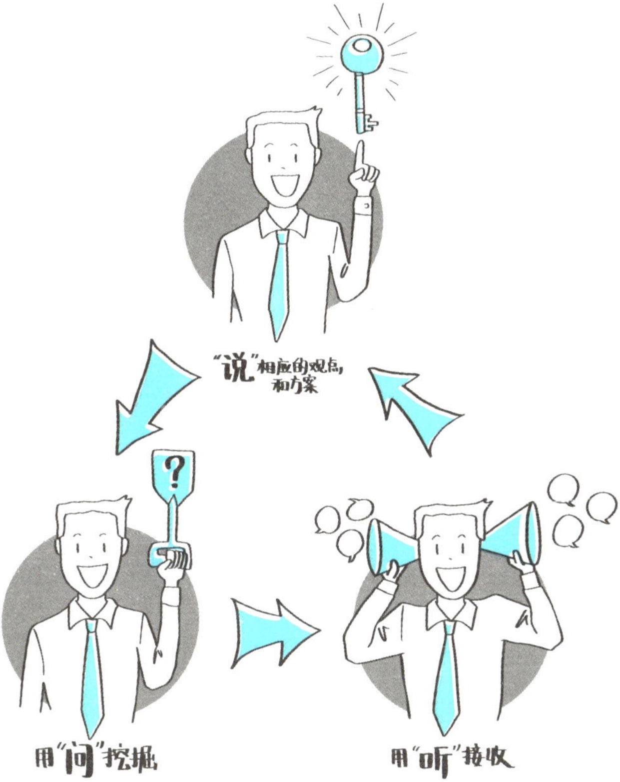

第五节 用聆听通向理解

优秀的谈判者都明白，在谈判初期立即抛出方案是不明智的。正确的做法是在收集到足够多的对方的信息后，决定优先拿出哪个方案来。因此，这其中涉及大量的信息收集，而聆听正是获取这些信息的主要方式。

遗憾的是，大部分人对聆听的认知是不够的。人们总是认为谈判是一个争辩的过程：谁把对方说服了，谁就赢得了这场战役。而扮演聆听者的一方总显得相对弱势——“理亏词穷”。

事实上，聆听反而是最好的说服武器。哈佛谈判项目的创始人威廉·尤里介绍过一个技巧：不要打断，让对方讲完。只有当对方的输出结束了，才会接受你的输入。作为第三方调和团的主要代表，尤里曾经飞往委内瑞拉参与总统查韦斯与反对者之间的调解。当第一次被带到总统府后，查韦斯总统便对局势进展大发脾气，指着尤里的鼻子大骂了半小时。尤里说：“我本想为自己辩护，但突然想起在脾气火爆的查韦斯面前争辩显然只会让自己陷入巨大的危险之中。”耐心听了半小时之后，总统突然放软了口气，原先抬高的肩膀也垂了下来，问道：“比尔（威廉），你说说看，我该怎么办？”之后的结果大家都能想象到了——查韦斯对调和团的意见完全地采纳了。

那么，我们应该如何锻炼自己的聆听能力呢？答案是，做好以下三条。

1. 准备

人们常常会在谈判前写下自己想要表述的要点：产品或服务的优势、我方的报价及合理性、向对方提出的要求等。但是这样的做法只能让人们在谈判中更多关注“说”而非“听”。因此，我们建议你在谈判时带上一张关于对方信息的空白清单（你可以在本书第四章《分析谈判对方》一文中找到这张清单该提的问题）。这样的话，为了填满这张表格，你一定会更加努力地聆听了。

2.养成习惯

如果要掌握一种技能，最好的方式就是不断练习。聆听作为一个基本的沟通技巧可以被使用在任何生活及商业场景，而不是一定要等到你的下一场商业谈判。从今天开始，你可以带着一杯水进入与他人的沟通对话中。如果发现自己不认同对方的观点时，不要急于说出你的见解，先喝一口水，听完其表述再发言。你会发现除了增加上洗手间的次数之外，这样做没有任何坏处。

3. 不断进阶

只做出聆听的姿态显然不够，你还需要真正理解对方。还记得你自己被理解时的感受吗？回想上一次当你跟对方说“对！这就是我想说的！”时的感觉，是不是很棒？所以，为什么我们不能给对方这样的感觉呢？从家人做起就是个不错的主意。在跟对方沟通时仔细聆听他/她的内容并尝试着去理解。等到对方说完后，用自己的话复述一遍对方的原意，然后问：“我的理解对吗？”如果对方能跳起来回答：“是的！就是这意思！”那么恭喜你，在聆听的道路上又前进了一步！

第六节　赢得他人的聆听

善于聆听以及理解仍然不够，你还需要赢得他人的聆听。那么，有哪些方法可以让你的客户也积极听取你的想法呢？

1. 让他们感到被理解

有经验的家长都知道，当孩子要说话时你根本无法让他们听你的。其实成年人又何尝不是呢？我们看到太多的谈判场景下，双方都急于给出自己的观点与推理，试图迅速让对方败下阵来。这种对抗型的沟通方式往往会起到事与愿违的效果。

正确的方法是运用同理心：让他们明白，你不仅了解他们的感受，还了解他们对哪些事情有这样的感受，以及他们为何会有这样的感受。

说起来简单，但要真正做到却不是一件容易的事情。有一次在我的培训中，一位学员说："可是我根本无法同意对方说的！"很多时候，人们内心抵触"理解对方"的原因是我们将其与"赞同对方"画上了等号。而一旦赞同了对方，不就是示弱的表现吗?

事实是，你根本不需要赞同对方，只要向对方描述出他的原话就可以了：“张总，我发现您对我们的供货能力有点疑虑。主要是您担心贵公司的订单比较小，我们会优先为其他大客户供货而把您的订单排到最后。不知道我的理解是不是对的呢？”往往，客户一旦说出“对，就是这样”之后，就意味着他已经打开自己，等待接受你的观点了。

1、让他们感受到被理解

让我们首先区分这两个概念：事实（fact）与观点（opinion）。

“这个小区每平方米均价20000元。”是事实（fact）。

“这个小区的房价好便宜。”是观点（opinion）。

沟通中的大部分争议来自人们错误地将观点当作事实。你和太太争论的不是这所私立学校的升学率，而是该不该将孩子送到这所学校；你与客户的争议不在于项目结束时间比原计划延迟了八个月，而在于哪一方该为这个结果负责。所以，从事实开始会让对方更容易接受你接下来的论述。如果反之，你一上来就抛出自己的观点，好不容易闭嘴的对方往往会再次跳起来打断你。所以，下一次与其向对方说：“你们明摆着是占我们的便宜。”倒不如告诉对方：“你看，从第一版方案到现在，我方已经按贵公司的要求调整了三次内容，并且下调了3%的总价格。但是目前我们还没有看到贵公司有任何相应的让步。”

3.管理对方情绪

情绪，尤其是激烈的情绪，往往会打破理性的沟通环境。回忆你之前在愤怒、失望、兴奋等情绪时的场景。是不是完全被这些情绪淹没了？同样，如果你的客户现在正处于这样的状态中，一定也没法听进你的任何言语。

所以，如果你察觉到对方正处于非冷静情绪时，最好的方法是立即喊停。让彼此稍微调整一下状态再进入到谈判中，对方才能打开自己接受你的见解。

第七节 提问技巧

如果你不是一位优秀的提问者，那你就不太可能成为一位优秀的聆听者。事实上，两者就像双胞胎一样难分彼此。在谈判中看似提出问题不难，但善于提好问题却并非任何人都可以做到。那么，有哪些需要注意的事项呢?

提出好的问题可以帮助你在谈判中:

1. 获取信息

当你对任何情况有疑问时，提问显然是最直接的获取信息方式。

2. 确认理解

陈述你对事物的看法，然后问对方：“我的理解对吗？”

3. 给予信息

你可以通过问题让对方知道你的意图，比如：“您知道我们公司去年为欧洲最大的一家金融企业也提供了薪酬福利咨询吗？”

4. 赢得参与

通过回答你的问题，双方可以展开对话。

5. 建立好感

多用问题向对方请教。人都有“好为人师”的习惯。

6. 缓解压力

如果谈判局面变得紧张，可以用提问的方式了解对方的视角，比如“每次我们提到物流人员需要先获得证书时，您都表示了强烈的反对。能否跟我们分享下您的疑虑是什么？”

7. 引导谈话

通过一系列问题，让谈话向你希望的目标前进。著名的SPIN销售模型和GROW教练模型都是典范。

那么，哪些是好问题呢？这里给大家介绍一些谈判中“必问”的问题。

1. 请跟我解释下贵公司的采购流程吧！

并非所有的问题都以问号结尾。了解客户的采购流程有助于你明白到底有多少人或部门会涉及你的项目中？他们都各自有哪些利益和关注点？你的提案会在哪里遭遇到挑战？你是否能在客户内部找到“同盟者”？

2. 为什么这个问题（如价格/交货方式/账期/服务标准等）对您很重要？

理解客户对特定问题的立场是很关键的。当你意识到客户把特别权重放在某一议题及其背后的原因时，就可以微调自己的策略，在适当的地方让步换得对方在其他方面对你的支持。

3. 为什么您觉得这样的条款比较合理?

大部分的谈判中双方各站在不同的立场，“换位思考”做起来比说起来难很多。向客户提问，帮助谈判者更好地把自己放在对方的位置上设身处地去理解。同时，这也可以避免更多的“我对你错”式争辩。

4.您对我们方案中的哪些部分有疑虑呢?

有经验的顾问都知道，如果你的客户看了一眼你的初稿方案说没有问题，那就糟糕了。常言道，“没有问题往往就是最大的问题”。真正的高手善于鼓励客户提出异议。因为只有把总体问题分解成一个个小而具体的问题，才容易找到针对性的解决和应对策略。

5. **您觉得还有哪些是我们应该了解的呢?**

如果你问了所有的问题之后，仍然有种“身在云雾中”的直觉，那么是时候该提出这个问题了。往往在这个问题之后，客户给到的答案会让你之前的疑虑尽散，甚至颠覆了你看待事物的角度。

以上我们聊了不少问题的类型。最后有两个注意事项:

1. **避免盘问**

不要连续发问。尽量在每次客户给你回答之后，也提供一些信息给对方，让双方的交流变成一场对话而非“审讯”。

2. 避免“注射式问题”

“注射式问题”的名称来自我的好友刘润，他是《五分钟商学院》的作者。他把带着价值观的问题称为“注射式问题”。即当某人在提出这类问题的时候，其实就是把自己的价值观注射到别人脑海中。然而，往往这些价值观并非站得住脚。比如：“为什么好好做生意的公司赚不到钱，只有坑蒙拐骗才可以？”（事实上，坑蒙拐骗一定赚钱了吗？）这些问题看似在请教，其实只是希望通过别人的答案加深自己的固有价值观而已。

第四章

谈判的准备

第一节 设定谈判目标

虽然设定了目标并不能保证你一定达成目标，但是可以肯定的是，如果你不在谈判前为自己设置目标，谈判结果往往会走向了对方的目标。

多年来的研究表明，目标可以促使人们更努力，更专注，并取得更好的结果。反之，一旦失去目标，人们就不会被激励去追求那些正确的东西。

美国的电视真人秀“超级减肥王（The Biggest Loser）”节目邀请许多肥胖者在30周内通过运动甩掉多余的脂肪，每季都有参赛者成功减掉几十公斤。但有趣的是，研究人员追踪参赛者在比赛后六年的状况，结果吃惊地发现：14位参赛者中竟有13人放弃了比赛期间养成的健康习惯，体重平均恢复到比赛前的七成！原因很简单：比赛期间选手们会运用一切手段达成设定的目标获得奖金，而比赛后大部分人不会继续为自己设定目标（因为“游戏结束了”）。

回到谈判，可能你会说，我当然会有自己的目标啊。比如，今天我去跟客户谈合作，我的目标就是签署合同；如果跟一套房子的买家谈判，我的目标当然就是把房子卖掉啊。

请稍等，这些其实并非你的谈判目标。事实上，大部分人会把目标（Goal）和目的（purpose）混淆。谈判目的指的是：为什么我们要去进行这场谈判？当你如此问自己的时候，就会发现“签署合同”也好，“卖掉房子”也好，都是谈判目的。

而谈判目标指的是：你在谈判结束时候想具体达成什么？答案应该是更明确，甚至更量化的，比如“以什么方式，哪些条件签署合同”，“在什么时间，用什么价格及附加条款卖掉房子”。

设定明确且量化目标的好处是显而易见的：谈判结束后你可以更容易衡量自己是否达成目标。伟大的管理学家彼得·德鲁克说过，无法量化的事情就无法被管理（If you can not measure it, you cannot manage it），有了明确的目标后，我们就不会在谈判中被一些其他因素诱导走偏。

用目的取代目标是非常危险的，因为那往往让人无法坚持。相信你一定见过在健身中心办了会员卡但没多久就放弃的人，或者在英语培训中心报了名但一个月后就开始逃课的朋友。因为很多人错误地把“锻炼身体”或者“提高英语水平”作为了报名健身或学习的目标。但是，如果你的目标是“年内减轻体重5公斤”或者“明年雅思考试达到6.5分”就不同了。稍有常识的人立即会思考如何达成这个目标，并且在前进的道路上衡量自己的进步。同样的道理，如果谈判者思考过明确目标的话，往往就不太会向目标妥协。感受一下，“以不低于500万元的价格卖掉我的房子”和“好吧，价格低一点就低一点，好歹把房子卖掉”一定是不同的。

著名的SMART原则可以帮助谈判者更好地设定自己的目标。

S-Specific　具体：我到底希望通过谈判达到什么结果?

M-Measurable　可量化：成功标准是什么?

A- Attainable　行动导向：哪些行动可以帮助我达成目标?

R-Realistic　实际的：这个目标可达成吗?

T-Time-bound　时间限制：希望何时达成目标?

最后总结一下：目的驱使你进入谈判。目标，尤其是明确量化的目标帮助你坚守阵地。正如美国著名哲学家爱默生说：“一心向着自己目标前进的人，整个世界都给他让路。”

Specific
具体
实际的
Realistic
?
时间限制
Tim-bound
Attainable
行动导向
Measurable 可量化

第二节　分析谈判对方

前一节我们聊到了谈判目标设定的重要性以及一些指导方法。但是，仅仅关注自己的目标是远远不够的，你还需要关注对方的目标。所谓“知己知彼，百战不殆”，因此，这一节我们就来聊聊如何分析你的谈判对手。正如我们在第一章提到过，顾问式谈判的场景下，你面对的客户可能规模会比较大，且往往都由多人做出决策。那么在谈判中你发现桌子对面坐着三五个人也就毫不奇怪了。为了更好地帮助你，我们准备了一个问题列表供你在谈判前思考。或许你未必需要等到回答出每一个答案后才启动谈判，但尽可能多的信息总会对你有所帮助。

我们需要准备的问题包括：

1. 他们是谁？

哪些人将出现在你的谈判桌对面？他们的身份各是什么？他们是同一个部门的人还是分属不同部门？

2. 他们的角色是什么?

谁是决策者?谁是影响者?谁是使用者?谁是批准者?

3. 他们过往是如何决策的?

他们有没有决策流程?我可以在哪些方面影响到这一流程?

4. 他们关心什么?

他们各自有哪些利益在本次谈判中?他们的需求有什么不同?他们的工作有哪些考核指标?他们的上司更关注什么?

5. 他们对我方有何态度?

哪些人支持?哪些人反对?他们反对的是我的公司,还是我的方案,还是我?

6. 他们这一次还找了哪些人谈?

其他人/公司的特点是什么?客户为什么找他们来谈?

如果你只是坐在自己的桌子前，恐怕无法回答全部问题。那么现在就起身，去寻找这些问题的答案吧！

第三节 谈判不只关于价格

在很多人的认知中，谈判就是讨价还价。

设想你我二人为买卖矿泉水而讨价还价。

你：“这矿泉水多少钱一瓶？”

我：“3元。”

你：“太贵了吧。”

接下去，可以想象到，我们会进入一场价格拉锯战：你说2元；我说2.8元；你说2.3元，我说2.6元，最终以某个价格成交。

这就是典型的讨价还价：双方在某一个特定的维度（常见的是价格）上较劲。无论最终结果如何，你我都没能做到“双赢”。

然而，真正的谈判是发生在多维度的。让我们回到刚才的案例。

你：“这矿泉水多少钱一瓶？”

我：“3元。”

你：“太贵了吧。”

我会提出发生优惠的条件：“如果购买两箱以上，可以按批发

价每瓶2.5元。”（数量）

“如果你支付现金而不刷信用卡，还可以再便宜1%。”（支付方式）

“临近保质期三个月以内的矿泉水每瓶按3折算。”（交货标准）

“如果你能去我们5公里外的仓库自提的话，每瓶便宜0.1元。”（运输方式）

“如果你预定明年1月的矿泉水，每瓶可以打8折。”（交货时间）

“我这里有一批外包装稍微破损但不影响质量的水，你要的话可以6折卖给你。”（包装方式）

……

一旦在多维度进行交易，“双赢”的可能性就被大大提高了：或许我是一个小本经营者，只关心最终利润，而你是一个大公司的采购，只关心单价而不在乎采购量。那么，我就可以在单价这个议题上满足你的需求，从而在采购量上赢得你对我的支持。

优秀的谈判者会在准备阶段列出所有自己和对方关心的维度：价格、数量、质量、标准、交货方式、税收、担保、账期、付款方式、违约细则……并且按照重要性排序，从而在谈判桌上抛出不同的方案以求与客户达成双赢局面。

第四节 你的BATNA是什么？

在谈判界有一句名言：懂得何时在谈判桌上说不的人，往往会得到更好的结果。当然，这绝对不是推荐你意气用事，毫无准备地在谈判的时候跟对方拍桌子说“不”。因为如果对方顺水推舟地说：“好吧，既然你不同意，那我们就此结束谈判吧。”这时候你可就傻眼了。

那么到底是什么东西会使人在谈判的时候更有力量，并且更能增加自己的谈判优势，我想一定是“BATNA”。

“BATNA”这个单词最早是由谈判大师威廉·尤里提出的，英文的全称叫作“Best Alternative To a Negotiated Agreement”，中文可译为“最佳备选方案”。威廉·尤里建议所有谈判者在谈判之前都要准备“最佳备选方案”，也就是问自己：如果谈判破裂的话，我该怎么办?

想象这样一个场景：某一天你要去跟老板谈加薪，你走到老板办公室门口，敲开他的门，哆哆嗦嗦地跟他提出了你的加薪要求，但是你的老板却告诉你：“现在行业不景气，我们从这个季度开始要实行结构性裁员。”当老板这样说的时候，你就开始心里打退堂鼓。或许你的谈判目标从“我要争取加薪”，变成了“我只想保住工作”，那你会在谈判的时候轻易地做出妥协，因为你毫无力量，而你的老板比你更强势。但是如果你有了BATNA，那情况就完全不一样了。

试想在薪酬谈判之前，已经有三个猎头来接触过你，他们都给了你确定的工作offer，而其中最好的工作offer的条件比你现在的薪水多了20%。在这种情况下，踏入老板办公室的时候，你是不是心里就会更有底气了呢？你会把老板在谈判的时候向你抛出的所有“空心大饼”，去和20%的涨薪幅度做对比，只有老板提出的条件明显优于那20%的涨薪幅度，你才有理由对老板说“YES”，不然你大可拍桌子走人了。当然，并不是要你真的去跟老板拍桌子，因为在职场上这并不是一个好的选择，有道是“做人留一线，日后好相见”，而在这里向老板说“不”的勇气和力量就来自BATNA。

在做培训的时候，有好多学员问我说：“BATNA这个说法很有道理，但是在谈判当中我会发现我毫无BATNA？”其实不是你没有BATNA，而是因为你的备选方案根本不吸引你。

我们想象另外一个场景：假设你现在租住的房子下个月租期就满了，你面临着与房东新一轮的房租谈判，当然你也知道房东肯定希望涨房租，而你不敢奢求房东会降房租，但也至少希望维持现有租金继续续租。

那么，这时候你就要去想：我的备选方案是什么？如果我与房东对于租金的谈判破裂了，我有备选方案吗？很多人说谈判失败的话，我就没有选择了，然而并不是。如果谈判破裂，你很自然地想到的第一结果是什么？那就是你被房东赶出来睡在大街上。其实，这就是你的备选方案。可能很多人会说，这怎么算是备选方案？但是，这就是你的备选方案——睡大街，只不过“睡大街”听上去绝对不像是一个好的备选方案。那有没有比睡大街更好的选择？可能你会想到去找一个经济型酒店，至少有地方住了。“住经济型酒店”比起“睡大街”来说，是一个更好的备选方案。那还有没有再好一些的呢？这时候你或许会想到去订一间民宿，这一定比住经济型酒店好很多，至少那是一个人一间的民宅了。有没有再好的选择呢？或许你就想到你部门的一位同事，他的父母长期居住在国外，他一直想要把父母的房子租出去，这时候你去向你的同事租借她父母的住房，就变成一个更好的备选方案。

生活中的谈判需要BATNA，商业谈判更需要BATNA。某一家美国公司派遣了采购团队去和一家重要的欧洲供应商进行谈判，旨在削减成本。没想到，此供应商非常强势，采购团队束手无策——因为他们对此供应商的依赖度非常高。在谈判进入僵持时，他们找到了威廉·尤里咨询。尤里告知了采购团队他们需要思考的唯一问题是：如果谈判破裂，该供应商拒绝供货，你们该怎么办？经过1天的头脑风暴后，采购团队找到了另一家已经倒闭的供应商工厂，并进行了收购的可行性分析作为BATNA，获得公司最高层的认可。当再次进入谈判时，采购团队突然发现自己有了更多底气，提出了合理诉求并最终与原供应商签署了利于双方长期合作的协议。

从上面的案例看出，你需要做的就是不断地优化你的备选方案，直到你觉得非常满意，再拿着备选方案进入到谈判当中，你就会更加自信，更加有优势。所以在谈判中，归根结底，双方是在比较谁的BATNA更好。如果双方都没有好的BATNA，那么就是在比谁的备选方案更糟糕了。

回到刚刚谈薪酬的场景，如果没有猎头事先接触过你，也没有人给你其他工作的offer，你去向老板提加薪，有没有可能谈成功？也是有可能的。假如公司里有三个人请了长病假，而你的老板正巧在这个时候接了一个新项目。在这个场景中，你去与老板谈加薪，很大程度上会成功。

因为双方都没有好的BATNA，这时候就要看谁的备选方案更糟糕。虽然谈判失败，你可能被迫走人——对于你来说这样的备选方案很糟糕，然而你的老板的备选方案并不见得比你更好，因为他绝对不希望在这么多员工缺勤的情况下再流失一个。

现在我们总结一下：面对你的大客户或者重量级客户，你作为顾问需要不断地提升你的BATNA的质量，确保你的备选方案的质量远远优于谈判对方备选方案的质量。当然，如果发生另一种情况——双方都没有好的备选方案，那么就要看谁的备选方案更糟糕了。对于你来说，谈判失败的结果是你少了一个客户，而对于对方来说，谈判失败可能面临着项目的失败，那么谈判的主动性则在于你。

第五节 管理谈判的满意度

我们在本书的开始就谈到了“让客户有赢的感觉”，因此让他们对谈判结果满意就显得尤为重要。那么，哪些方法可以提高对方的满意度呢?

1. 降低客户的结果期望

试想一下，两位求职者都以50,000元/月获得了相同的工作，他们会不会对薪酬产生不同的满意度？答案当然是可能的：比如甲的期望月薪是55,000元而乙的期望月薪是45,000元。

如果谈判结果低于原先期望，不满之情就会油然而生，而且期望越高，失望越大。因此，聪明的谈判者学会了在谈判早期就降低对方的期望。比如，经验老到的管理层每到年底就开始在公司内“吹风”，大谈生意难做利润变薄。这样一来，员工自然不会期望获得过高的年终奖。

我的一位客户绝对是此中高手。在过去的几年中，我一直为他们公司提供培训服务。每一年才开始时，这位采购仁兄就来找我们续签下一年的采购合同。他最喜欢在谈判开头就大唱苦经：不是“去年公司利润指标没完成”，就是“欧洲总部开始大砍中国区预算”，或者“采购部年降指标又增加了”。目的无非是向我们宣告：今年别期望从我这里谈到一个好价钱！

2. 提升客户对你的认知

你从汽车销售顾问这里买了台新车。对于这台车和价格，你都挺满意。直到三天后，一位懂行的朋友告诉你：“你知道那个卖车给你的人从这台车赚了多少钱吗？8000元！”突然之间，你的心情似乎没有原来那么好了，“这小子赚了这么多钱啊？太黑了！”

一项调查表明，86%的受访者承认自己会在谈判结束后根据对方获利多少来判断自己谈判是否成功。这似乎并不合逻辑：对方获利更少并不代表自己就成功了；同理，对方获利更多也不能证明自己的失败。但这样想法又往往合乎情理：很多人认为谈判是“零和游戏”——你我分同一个大饼，你多了我自然就少了。

“千万不要让对方觉得你赢得太多！”这是我的前任老板的名言。确实，身处咨询行业，顾问公司的利润率往往高过大部分客户，甚至让一些毛利在个位数的客户妒忌不已。我的老板总是不厌其烦地告诉客户，他需要养活十几名顾问，办公室房租和薪资成本也在不断上升，老板其实就是在给员工打工。

“还是你们好，虽然在公司上班发不了大财，但起码不用操这么多心。你别看我顶着个总经理头衔，实际天天提心吊胆、如履薄冰，没准哪天公司就关门大吉了”，他总是在谈判后这么跟我们的客户说。

2.提升客户对你认知

3. 优化客户的比较因素

你从销售顾问这里买了台汽车后，除了“对方赚了多少钱”之外，“别人以什么价格买了这款车”也会影响到你对交易价格的满意度。就像人们常说：幸福感是比较出来的。因此，如果你不愿意仅通过底价取得订单的话，就要让客户觉得你的服务或产品与其他同行“没有可比性”。相信很多人有这样的经验：你要买一个打印机墨盒，于是打开手机淘宝，搜索了型号后发现卖家众多。最终，你在某天猫卖家下了单——尽管他的报价并不是最便宜的。你为自己的决定找了个理由：“不一样的，天猫卖家可信度高，应该不会是假货。况且这个卖家的销售记录和好评度都最高啊”。你看，同样的生意，这个卖家成功地运用“天猫注册，销售记录，好评度”为自己创造了与众不同的效果，让潜在客户彻底放弃单纯的价格比较而获得了生意。所以，想一下，你该如何创造差异，让客户谈判后觉得你与别的竞争对手“没有可比性”呢？

3.优化客户的比较因素

第五章

如何设计有效的开价和让步方案

第一节 报价原则

这一节我们来说一说谈判当中的定价。虽然并非所有谈判都涉及价格，但可以肯定的是，在大多数谈判中价格一直扮演着一个非常重要的因素。设定价格有两个要点，应该特别引起我们的注意。

第一个要点就是你的底线价，即底价。所谓底价，指的是一旦超出这个范围，我们是不可以接受的。假设你想出售一台旧的机动车，无论交易对象是网络上认识的有意向的买家，还是机动车交易所门前的黄牛，你若为自己设定的底价是6万元，那就意味着如果对方出价6万元以下，你绝对不会跟他成交。虽然人人都知道底价，但很多时候你会发现人们没有办法守住底价，其中最主要原因是他们在谈判当中压根不曾为自己设定过底价！请问你都没有底价，何谈守住底价？而很有趣的是，一旦你的底价设得非常清晰明确，你就更容易守住它，因为你明确地知道，什么价格是你不能再降的。

设定底线价之后，接下来一个要点就是你的开价点。所谓开价点，也就是你的第一次报价。在谈判的交易当中，双方都会有报价。有经验的谈判者都清楚，应该让你的报价跟你的底价相对远一点。在出售机动车这个案例中，你的第一次报价比如说是7万元。为什么要把你的第一次报价跟你的底价拉得相对远一点？主要的好处有以下这几个：第一，很有可能你今天碰到的是一个很爽快的谈判对手，他直接答应了你的报价。其原因或许是因为他有很多预算，也或许是他急着要用车等等情况。在这样的情况下你的首次报价越高，对你就会越有利。

第二，如果你报的价稍高一点的话，你也可以有多一点与对方的谈判空间。所谓多一点的谈判空间指的是从7万元到6万元之间，你可退让的空间较为宽裕。但是如果想象一下你首次报了6.6万元，而你的底价是6万元的话，那么你当中可谈判的空间相应就会比较小。

第三，如果你是卖家的话，你的第一次报价高一点，会提升你所出售的商品在对方心里的价值。比如说你报价7万元，会使对方觉得，他能开这个价格，或许这台车的车况很好，或许这台车是自用的而不是跑运输的，或许这台车过往的保养都不错，或许这台车没有经历过任何事故……

第四，首次报价相对高一些的话，在成交后会让对方更有赢的感觉。相比初次报价6.6万元，最终6.3万元成交和初次报价7万元，最后6.3万元成交，买家的感受是不一样的。前者对方觉得只砍掉了3000元，而后者对方会觉得大赚7000元！

首次报价报高一些的好处还有重要的一点，那就是在很多谈判中，双方有可能最终在价格上僵持不下，这时候双方往往会采用折中法则来解决价格分歧。有一方会提议：咱们二一添作五，各让一半吧！虽然我并不认为折中法则是合理的，但这往往是人们最喜欢的简单解决方法。因此请你想象一下，如果作为卖家，你的报价相对比较高，是不是最后折中的时候对你更有利？

有一次在我的培训课上，有学员问："老师，你刚刚说这个开价点应该拉的离你的底线相对远一点，那为什么不直接把我的车报价10万更好呢？"

试想一下，如果你的旧车报价10万，对方听了以后会有什么反应？我相信你猜到了，对方会立马扭头而去。所以你需要把价格开得相对高一点，但又不至于高得离谱，把对方吓倒了，或者让对方觉得你根本没有任何诚意。

到手的鸭飞了!!
对自己的产品很有自信啊!
首次开价高一点，谈判空间大一点，
开价点
我太厉害了！砍掉这么多！
还好首报留了空间
成交价
再便宜点！
不能再让啦！
底价

第二节 赢家诅咒

有一些谈判新手为了追求谈判效率，总是希望速战速决。然而他们很有可能犯下了很严重的错误：过早接受对方的报价。在经济学上有一个名称叫作“赢家诅咒”，专门来形容这种现象。

让我们回想在上一节中谈到的卖车案例。你刚把旧车开到了二手车市场，就有感兴趣的买家走了过来。一番查看后，对方向你询问售价。于是，你按照原先的计划报价7万元。对方紧接着还价到6.5万元。你一盘算，觉得比自己定下的底线价格6万元还高出不少。以防夜长梦多，你希望立即跟对方成交。于是回答买家：“行！，那就6.5万元吧。”

现在，站在买家的角度分析一下他的心里是怎么想的：我一还价他就接受了？我一定是亏了！6.5万元里肯定还有不少水分，我应该当时还价到6万元或者更低！

而出于面子问题，买家不好意思反悔自己的6.5万元报价。但是在“吃亏了”的心理之下，他或许会在稍后的交易过户中提出各种苛刻的要求，并且百般挑剔，试图为自己赢回些什么。这就叫赢家诅咒：买家看似在议价战争中获胜了，但是并没有“赢的感觉”。

这一切的问题源头就在于卖家过早地接受了买家的第一次报价！如果某样东西非常轻易得到，人们便感觉不到其价值。

那么，如何破除“赢家诅咒”呢？

当买家第一次喊出6.5万元的时候，你应该据理力争，列出多种车辆的优势来证明自己报价的合理性，并且跟对方展开拉锯战。40分钟后，最终你同意了对方6.5万元的价格。此时买家的感受是什么？他会觉得自己通过努力赢得了谈判，甚至把车开回家后兴奋地邀请朋友们来参观他的“战利品”。

所以无论是买或者卖，不要轻易接受对方的第一次报价，让对方真正获得“赢的感觉”。

第三节 “丑话”说在前面

相信大家经常遇到客户提出额外或定制化的要求，我们来看看很多学员是如何应答的。

“张总，您刚才说的这个要求，比标准更高，我们可以完成，就是时间上至少要多三天。不知您能不能等。”

“李主任，如果您要定制款，成本会比基础款的高出不少。”

“王老师，您想要的这个后续咨询辅导，需要另外付费。”

“赵经理，您要定点深挖这几家公司的人选，如果需要我们做深度人才寻访的话，是要有预付款的，先和您说一声。”

这些回应有什么共同点呢，大家可能发现了，就是都在引导客户的预期，或者说是把“丑话”说在了前面。

一方面是适当“提示”，引导并降低客户的预期。

第二方面也是为了避免在最后报方案的时候，让客户不至于过于惊讶。

那么如何用好这个技巧呢？我们根据学员的反馈，总结了以下三个方法：

1. 及时有效

顾名思义，就是你要在客户提出额外要求，或者让你比较为难的时候，第一时间去向客户表达可能为此需要付出的额外精力、时间、费用等。

切记避免：

（1）只是在不断听客户说，做记录，把“丑话”憋在心里而没说出来。

（2）等客户讲到别的议题的时候，再突然反过来告诉客户。

因为，如果没有及时说，会让客户误会他的要求是合理的，或者已经包含在你的套餐之内，如果你再去跟他讲这需要额外计算费用的时候，可能会导致客户很惊讶。

另外，如果你及时说了，客户会更容易表示认同，甚至会直接答应。至少也在客户心里植入了一个“需要另外讨论”的概念，也为最终的方案埋下了伏笔。

2. 举重若轻

我们发现很多学员在练习这个方法的时候，很容易让客户马上追问起细节，比如，要加多少钱，或者要加多少天工期等问题。当看复盘录像的时候，大家会有一个发现就是，说的时候一定要举重若轻，甚至看似非常“随口”地把后面的要求说出来，而不是正儿八经的，非常严肃地说“这个部分需要另外加钱”。（大家可以自己脑补一下，说这句话用不同的状态表达带给客户的不同感受。）

一旦你说得过于严肃，会让客户紧张、疑惑，立刻想要把细节问到底，这会打乱了原本收集需求和问题的节奏。

3. 前后呼应

当你的信息和需求收集完毕后，还是要进入抛方案的阶段，那么这个时候，之前你埋下的“雷”就成了你很好的谈判筹码。

其实你也可以根据客户当时的反应，判断出哪些是客户容易接受的，哪些是他大吃一惊的。

在你提出方案的时候，你也可以结合之前的内容，“就像刚才我们提过的……”这也让你的方案有更多的说服力和一致性。

小结一下：很多学员一开始不愿意把“丑话”说在前面，但是最后又不得不一股脑儿都说出来，这样会给客户带来很多惊讶甚至惊吓。因此，把“丑话”说在前面，“摊薄”了去说，对于客户有个“提示”，可以有效地引导客户的期望，也让客户更能理解我们的价值。

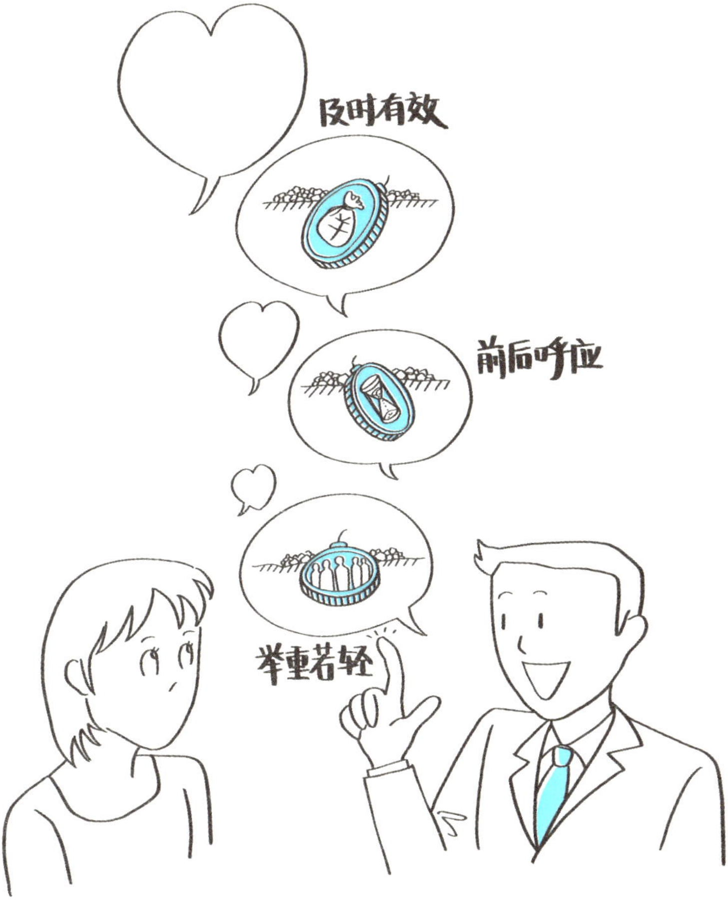

第四节　最高权威

在谈判培训中经常有学员来问我，应该如何在议价的过程当中向对方说“不”？今天我们就来跟大家分享一个简单且实用的小技巧，叫作“最高权威”：绝对不要在谈判的时候让对方觉得你有100%的决定权。

比如你是一名专业顾问，今天到客户公司商议合作。客户看了你的建议书后说：“我们对贵公司的方案还是比较满意的，唯一的问题就是你们的报价比其他公司贵了不少。如果你能降价10%的话，我很乐意同你们展开合作。”

你学习过前面章节的“赢家诅咒”原理，当然知道不该立即让步。于是，你回应客户：“是的，我们的服务质量在市场上有很好的口碑，我想这也是我们被邀请到贵公司进行提案的原因之一。然而，作为一家规范的企业，我们的报价有严格的标准。按照公司规定，降价2%以上的权限在我的老板。我可以跟他讨论一下，但是估计比较困难。”

你看，在上面的回复中，“老板”就是你搬出的最高权威。“我要跟我的老板商量一下”“我必须跟管理层报备一下”“我得跟我的合伙人讨论一下”等话语都可以。即使你事实上可以决定，最高权威仍旧是一个不错的拒绝对方的借口：第一，你为自己争取了时间。如果对方知道你是拥有全部决定权的谈判代表，就会给你很大的压力，强迫你立即做出决定。而告诉对方自己无权决定，就可以缓冲这一压力，避免接受不理智的要求。其二，即便在最后你拒绝了客户的要求，也会让对方觉得你本人还是愿意与他们站在同一战线的，只不过是你背后的最高权威不同意而已。

那么，最高权威是否意味着其职位比你更高？如果你是画家、作家这样的自由职业者，去哪里找最高权威呢？让我们想一想那些明星是如何做的。面对不合理的要求，他们往往会说：“我需要跟经纪公司商量下”或者“这件事的细节让我助理团队跟进回复你吧”。所以，“小人物”并非不可能成为你的最高权威。

当然，最高权威最好是一个模糊的实体，而非具体的个人。在我之前的谈判培训中，我们安排了买卖汽车的角色扮演。以下是一组谈判双方的对话。

客户：“我现在无法做决定，因为我需要跟太太商量一下。”

销售顾问：“那么你太太在哪里呢？可以邀请她现在就过来。”

客户：“哦！她在家里跟孩子们在一起。”

销售顾问：“没关系，我们可以开着这台车去你们家一趟，让你的太太看一看，如果你太太不喜欢的话，我们可以再把它开回来。”

以上的对话中可以看出，如果你的最高权威是一个具体的人，就很容易被对方击破。但是如果你的最高权威是一个虚拟的实体，比如说董事会、委员会，那么对方就很难让你现在就跟这些最高权威联系，并且得出答复。

在进入每一次谈判之前，请你仔细思考一下：如果今天我要向对方的议价说“不”的话，该拿出谁？

第五节 避免悬崖式让步

大家想象一下，如果你不小心站在悬崖边，而有一个动作，一旦做了就会掉下去，你是不是会万分小心，一定不做?

而在谈判中，也有个非常危险的举动，叫作“悬崖式让步”。

什么叫悬崖式让步? 简而言之就是指没有任何理由的让步。

来看个小案例:

客户: “你们的服务费率27%太贵了，给点优惠吧。”

顾问: “好的，那这样吧，你看25%如何? ”

客户: “25%还是太贵了，再降一点吧。”

顾问: “那你看最低23%怎么样? ”

……

是不是看着有点眼熟，又觉得哪里不对劲?

其实这就是一个典型的“悬崖式让步”的案例。这位顾问单纯地退让，一让再让，但是却没有给客户任何让步的理由，让对方觉得他的让步“没有负担，一文不值”。好比万丈深渊，最终退无可退。

而这样的无原则无理由退让，也让对方没有赢的感觉。

这样的事情可能每天都在我们的身边发生。我甚至有时候会很惊讶，即使有些阅历丰富的顾问，也会“跌入悬崖”。之后复盘的时候，还很委屈地对搭档说：“我明明已经给到了底线，为什么你们就是不相信，要让我再给多啊？”通常对面的反馈是：“我们看你一步步让得很轻松，感觉肯定还有空间啊，我们当然想要更好的条件啦。”（是不是似曾相识的感觉？）

那有什么更好的方法呢，让我们先来看看生活中的例子，比如经常遇到的电商或者零售，他们深谙此道。想想我们遇见的所有优惠让步，对方一定会说：“OK，你是我的开门第一个生意”，“店庆5周年，特别XX折”，“新品上市，独家优惠一周”等等。你看，即使要给一个优惠，一定要有一个让人信服的理由，哪怕是杜撰的“无厘头”理由（我猜你可能听过“感觉和你很投缘，所以这次给你个优惠”之类的说法？）

对比之后，仔细想想，在商业当中，为什么一定要避免“悬崖式让步”呢？

第一、可能会觉得愤怒（不是开玩笑，看到过真的有不少这样的情况）。客户会觉得，如果今天不多问一句，可能就莫名其妙地损失了很多钱。

第二，会显得你的产品价值水分很大。如果客户询问一下，就很容易做了个让步，那当然会引起客户的警觉：你的产品/服务价值到底是多少啊？

第三，会让对方想要更多（而把你逼到悬崖）。既然问一下就可以得到一些优惠，而且看上去你也没啥压力，那为什么不多要一些呢。

“悬崖式让步”，让客户没有赢的感觉。当然，自然也会影响最后的结果：低价成交，客户还不满意；甚至，客户对你的价格/品质产生怀疑，交易告吹。

那应对客户的这种要求，我们除了避免“悬崖式让步”，还要注意哪些呢，下一章“让步四原则”将继续分享。

第六节 让步四原则

我们上一章讲了悬崖式让步，是一个特别大的谈判禁忌。那么我们怎样才能做到更有效的让步方案，从而让谈判更进一步呢？以下有4个很重要的原则：

1. 让步幅度一定是越来越小，甚至最后是用“虚拟”的方案收尾。

如果让步幅度越来越大，则有“跳水”的感觉，让客户觉得不实在，而且可能后面还有“大惊喜”，无法成交。而最后让步幅度越来越小，则让人感觉“已经还价到肉里了”。

说到“虚拟”方案，比如去买东西，店主可能说：“不能再打折啦，再打折要低过成本价啦，这样吧，送你一张会员卡，下次带朋友来可以打9折。”

你看，这就是一个“虚拟”的承诺，并不是实际的折扣。

2. 永远不要自己主动“折中”

这点很有意思，没有经过谈判训练的人，从直觉上喜欢折中。比如顾问报价1000，假设客户还价800，很多人直觉上就会说：“要不我们各退一步，900吧。”

在谈判中这不是一个好方案。因为客户也会想要“折中”一次：“你说折中900，那我也建议各退一步，850吧。”你看，其实这个价格区间就缩水太多了。另外，即使客户同意你的折中方案，也会因为那个方案是你提的，客户会再提些其他要求，以便找回赢的感觉。

因此我们的建议是，方案要永远比“折中”高出一截。

3. 要让客户做决定

有经验的谈判者，都非常理解：要让客户觉得最后的方案是自己定的。

因为人都喜欢自己所做决定的事情。

所以，尽量让我们的客户来说最后的方案（因此上一条不折中，也是把这个“折中”的机会留给客户）。这样我们可以提出一些要求，比如说：“好，您说这个价格就这个价格，同时您答应的XX拜托了。” 也让后续的合作变得更容易和轻松。

4. 让步的同时要求回报

如果你每次让步方案中不附加一个相应的回报，客户会更容易“盯”上你，因为向你提出要求似乎没有任何成本。在英文中，有个对应的专用词叫：Give and Take。

要求回报，哪怕是虚拟的回报，比如“下次有单子一定要想到我”也会让你的让步显得更有价值，而且你会得到实实在在的利益，还有客户的认可。

回到上一节的例子，运用这些原则，这个谈判可以有什么不同呢?

客户：“你们的服务费率27%太贵了，给点优惠吧。”

顾问：“（惊讶，为难状）我们一般都是不打折的，但您是新客户，可以为您申请一些优惠。”

客户：“太好了，可以优惠多少？”

顾问：“如果您一年可以给我们不少于10个职位，我们可以下浮2%，总体费率在25%。”

客户：“10个职位应该有的，不过25%费率还是太贵了，再降一点吧。说不定还可以多一些单子给你们。”

顾问：“我们也希望多合作，不过费率上真的没空间了，不过我们确实很想和贵司这样的大品牌合作，我去和总监申请，费率最低24.5%。（没人规定费率必须是整数，很多学员新方案中会出现各种小数，也在告诉客户真的没空间了）”

客户：“你们0.5也出来了。太不容易了吧，也别0.5了，要不就24%吧。”

顾问：“您既然已经开口说了24%，我就按24%的费率和总监沟通，您看账期是不是可以为我们提前3天，那我也更好地去和总监进行沟通，争取顺利合作？”

客户：“好，如果24%的费率可以，账期提前3天我也会尽量争取。”

……

以上的案例，4个原则具体是如何体现的，你发现了吗？

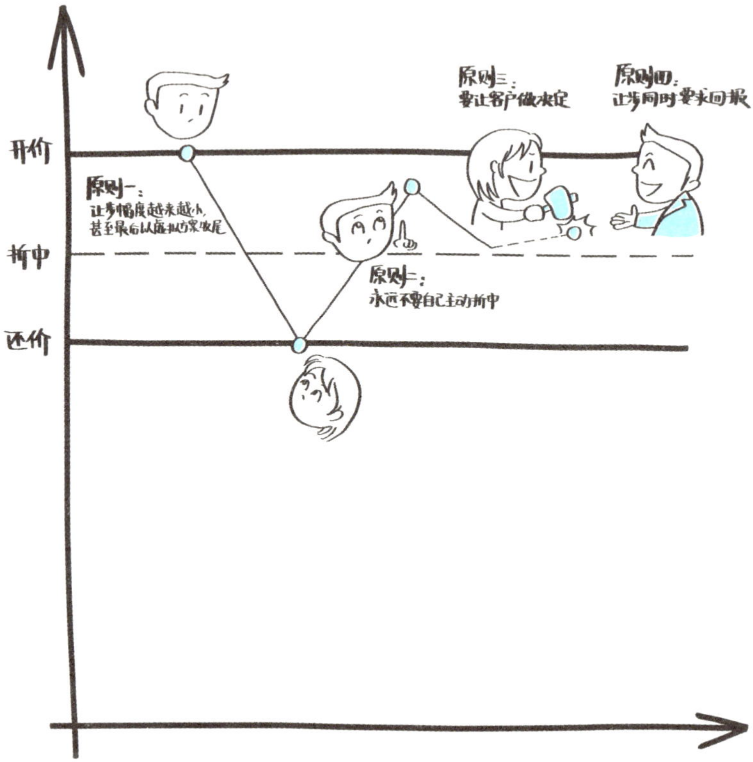

原则三：
要让客户做决定
原则四：
让步同时要求回报
开价
原则一：
让步幅度越来越小，
甚至最后以虚拟方案收尾
折中
原则二：
永远不要自己主动折中
还价

第六章

如何挖掘客户真实需求和底线？

第一节　无价值不价格法则

通常学员反馈来自客户的挑战，80%总是围绕着价格。但真的回看数据发现，实际因为价格因素无法达成的合作客户，其实不超过20%。

好比大家买东西，价格当然是一个考量因素。但在价格预算的范围内，其实会考虑很多的综合因素。否则岂不是只有最便宜的货物才能畅销？实际上价格贵的产品也很有市场啊，关键在于大家是不是觉得“值这个价”。几乎没有人会在香奈儿或者爱马仕店里要求打折。所以有心理学家指出，很多购买决定通常是感性潜意识的选择。

在谈判中，如果遇到“价格”的僵局，比如客户狠狠给了一个价格，要你接受。建议大家不用和客户僵持在价格上，而是先想是不是我们没有把售卖物的价值对客户讲全讲透。

对于价格的挑剔，本质上是对于价值的顾虑。

而我们看到太多谈判的案例，都是大家光谈价格，谈得“钻牛角尖”、进入“死胡同”而没有双赢。

有句谚语：“在客户没有了解你的价值之前，你报任何价格他都觉得贵。”

有个很著名的故事，齐白石当年要用自己的一幅白菜画，来换菜农的一车白菜，菜农不肯，说：“你的白菜是假的，我的白菜是真的，才不上当呢。”当客户执着于“价格”的时候，可以先搁置这个问题，和客户多谈谈“价值”。

谈判一定要养成“先谈价值，再谈价格”的习惯。比如当客户一上来就问你报价，不妨换个思路：“林总，相信双方诚意合作，价格肯定要谈的，但在我们谈价格之前，我更想知道贵公司最核心的需求是什么？我们的产品/服务是不是可以支持到你们。”

简要总结：

1. 客户表面上谈的是价格，本质上要的还是价值，或者“性价比”；

2. 在确认客户真的了解你们的价值之后，再报价；

3. 如果客户对于价格有挑剔，先检视是不是价值没有被认可。

第二节 积极聆听的“5个到”

在谈判的时候，我们都希望能够尽可能多地去捕捉对方的信息。无论是对方报价的水分、底价、让步的空间，是否有时间压力，有多少备选方案等。然而有经验的谈判对方不会轻易把这些信息直接告诉你。这就给我们提出一个要求：抓住任何谈判中的蛛丝马迹，来分析对方，从而解密这些信息。因此谈判者是否具备优秀的聆听技巧就显得至关重要。

聆听似乎很容易，但同时又具有挑战。常见的聆听有三个层级。

第一级，对抗性聆听

请问在何种场景下我们会用对抗性聆听？或许有人想到了辩论以及法庭上控辩双方。然而在这种场景下，人们聆听对方绝对不是为了被其说服，而是为了找寻其在论述中有哪些自相矛盾，违反常理、前言不搭后语的部分，从而可以攻击他。相信不用我多说大家也会明白，在谈判中采用对抗性聆听绝对不是好主意——因为你不希望跟对方去辩论。情商高的人都知道何谓“赢了道理，输了生意”：对方被你驳得哑口无言，于是断然拍桌子走人不跟你玩了。这样做根本无法让对方有“赢”的感觉。

第二级，消极聆听

消极聆听指只听到对方用言语表述出来的信息，而没有听到对方未讲出来的那些信息。在沟通中有个“7-38-55”原则：即加州大学柏克莱分校心理学教授雅伯特·马伯蓝比研究发现，语言文字，语音语调，肢体语言传递的信息占比分别为7%，38%，55%。而消极聆听者只从对方说出的话语中获得了信息，却忽略了占比93%的语气及肢体语言透露的信息。比如，客户在对话中告诉你“这是我的底价”。从字面上理解，他已经没有让步的空间了。但是如果你察言观色，就能发现他迟疑的语速和斜视的眼神已经向你透露其尚有很大的让步空间。

第三级，积极聆听

积极聆听在于不仅抓住对方表述出的信息，还听到了其未能讲出来的“言外之意”。在课堂培训中，我的学员往往被要求与搭档彼此练习积极聆听技巧。几乎所有参与者都表示，以下五点可操作性极强，也容易被记住，我们就称其为5D（五个“到”）。

1D：耳到。

2D：眼到。在聆听时配合眼神关注对方。

3D: 口到。用自己的话回应复述。

4D：心到。站在对方立场上去理解，换位思考。

5D：手到。记录。为什么要做记录？主要有两个原因，其一，如果当对方在讲述的时候，你掏出一本笔记本马上跟他说，“您稍等，我来记一下”，对方马上会感到被尊重；其二，有的时候由于双方急于成交，难免会有一些情绪。而记录的方法会非常有助于平复对方的情绪（回想我们一直提到的“让对方有赢的感觉”）。

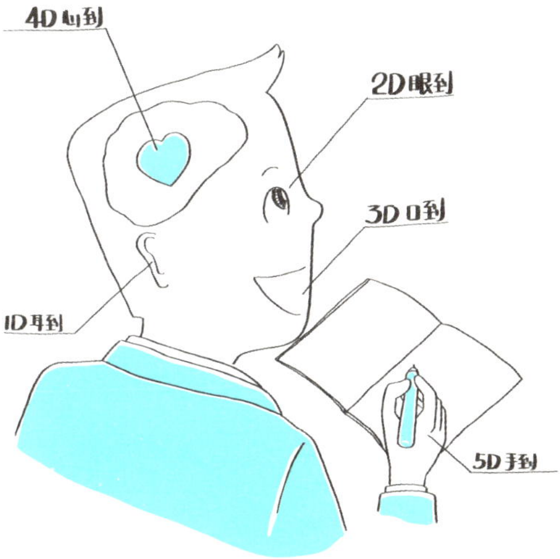

相信这5D的聆听技巧不仅能帮助你在谈判中收集到更多有用信息，也可以拉近谈判双方的关系。

第三节 3F回应法

在和客户沟通谈判中肯定会遇到很多挑战。也可以积极去看待，毕竟我们说“嫌货才是买货人”。当客户提出各种挑战甚至质疑的时候，其实背后本质上是对于这方面的兴趣和重视。当客户提出质疑的时候，你知道机会来了，因为最可怕的是那种“原来你什么都不想要”的客户。

但毕竟还要面对各种的挑战，甚至要化“危”为“机”。这里有一个非常经典和必备的方法，称之为“3F回应法则”。

“3F”代表三个英文单词的首字母。分别是：Feel（感知）、Felt（感受）、Found（发现）。

这3F法则怎么用呢，我们先来看个案例：

客户：“你们的报价比其他人贵不少啊。”

顾问：“王总，非常理解您的心情和顾虑。其实在之前也有很多客户在初次听到我们的方案后，有这样的顾虑和疑问。直到使用后，发现效益提高了30%。他们说，‘还真是一分价钱一分货，这价格物超所值’。”

结合案例，我们再来看看3F回应法则。

Feel：感知。表达同理心，说出客户可能没有说出口的顾虑和疑惑等。让客户感觉被认真倾听并被重视。比如案例中那句“王总，非常理解您的心情和顾虑。”

Felt：感受。告诉客户其实不止他一位有顾虑，其他的客户也有过类似的顾虑和疑问，甚至有的比他还强烈。一来是暗示他不用担心，因为他的顾虑其他人也有，而且被解决了。二来是“秀下肌肉”，言下之意是我们处理这样的事情多了，你不是第一个，我们能搞定，放心吧。比如案例中那句“其实在之前也有很多客户在初次听到我们的方案后，有这样的顾虑和疑问。”

Found：发现。在购买/使用了产品/服务后，发现各种好处，得到了客户想要的结果等。注意，这里的“发现”不是自己说有多么好，而是要借由客户说出来。比如案例中那句“直到使用后，发现效益提高了30%。他们说，‘还真是一分价钱一分货，这价格物超所值’。”

不知道大家看了之后有什么感受？从我们学员使用后的反馈来说，如果灵活运用这个3F回应法则，它几乎可以套用到绝大多数客户的挑战和质疑中。无论是关于价格、规模、服务，还是其他。

Feel
我感知到您有……
Felt
很多客户当初也有类似感受…
Found
合作之后，他们才发现……

另外总结一些学员使用的经验。

第一，关于feel（感知）

解读要很真诚、真实。比如你从他的动作和语言中“读”出了疑惑、不屑、纠结、担心等等，其实是可以把你感知到的感受很直接地说出来。如果能看着对方的眼睛说，那就更好了。因为当一个人的情绪被看见的时候，会非常快速地拉近彼此之间的距离，而且你帮助他说出了心中的疑惑。

第二，关于felt（感受）

当援引举例的时候，也要做到诚恳、谦逊、实在。如果有必要可以加上一些数据，比如“今年我们就遇到十多家客户，一开始有这样的顾虑”。

第三，关于found（发现）

首先，肯定是不能吹牛或者是夸大，应该是举那些已经发生过，而且被证明过的例子，这样你从内心说出来才会更自信。其次，要注意表达不要夸张，切忌“王婆卖瓜，自卖自夸”，而是用客户的视角和他们的评价。

很多学员会告诉我们，一旦他们这样讲了之后，如果讲得真诚，得体。有的客户会说：“是这样吗？那或许我们也可以试试。”或者：“OK，那我倒是有些好奇，是不是真如你们所言这样有效。”有的客户会哈哈一笑，自然就把之前可能有些火药味的场景化解了，也打消了客户心中的部分疑惑。

你平时遇到最多的来自客户的挑战和顾虑是什么？你会如何运用3F法则来回应呢？

第四节　解决冲突型的谈判

我们在本书中谈了很多销售型的谈判，今天我们要聊一聊解决冲突型的谈判。

试想这样的情境：你的公司与客户签订了一份金额不小的订单。在合同执行过程中，双方就某些技术指标产生了争议。对方公司不认可你们提供的某个零件质量，并要求你方承担对整体项目进度延迟的责任。

这注定不是一场容易的谈判——据理力争容易失去大客户，而委曲求全就意味着自己承担下所有损失。在这样的谈判中，有什么可以缓解冲突的技巧呢？

1. 从事实而非观点出发

事关自己的利益，双方自然无法做到“客观中立”。出于不同视角看待问题，自然得出不同结论。我的一位房东朋友最近就跟我聊起了她与租户的相对立场。新冠疫情造成她的租户被困外地，有近两个月无法回到租住的房子中去。对于这两个月的房租，双方的看法就截然不同。

租户："我没有住在这个房子中，所以不应该付钱。"

房东："虽然你人不在，但你的物品占用了我的房子，我无法转租给别人，所以你应该付钱。"

租户："疫情属于不可抗力，所以不应该由我承担你的损失。"

房东："疫情属于不可抗力，所以不应该由我承担损失。"

可以看到，双方其实对"事实"没有争议：由于不可抗力，房客没有住在房子内。但是，让双方产生争议的却是"观点"——即如何理解这个事实。

其实，工作与生活上的几乎所有冲突都来自"观点"而非"事实"。你与太太都承认家门口的这所初中的升学率在本区是第一，但争议的是"该不该送孩子去这所学校"；你和老板都认同"今年部门业绩下滑30%"，但双方争议的是"这是市场不景气还是团队不努力"。因此，如果你不想激起更大的冲突，最好先跟对方确认事实。

2. 避免采取威胁手段

一些谈判者在感觉不安时，往往会采取极端手段，比如，终

止谈判甚至起诉威胁对方。当然，我们并非阻止你采用法律手段，但这往往是最后不得已时的方式。在冲突型谈判中，每一个行动前，你都应该问自己：我这么做会让谈判继续还是让谈判破裂？

我的学员Frank讲述了他的故事：Frank的公司就市场活动服务与客户签订了一个为期三年的框架协议，约定了服务范围及相应的价格。但是，在合同执行到最后一年时，客户方突然向Frank提出降低价格的要求。谈判是艰难的，似乎谁都有一定的道理，谁都不肯让步。Frank完全可以采取最简单的方式胁迫客户——“您看，如果大家对价格有争议的话，我们可以在九月底撤出贵公司的服务人员，暂停市场活动。”要知道，在黄金周期间无法进行市场活动，对于客户来说是很糟糕的状况。但是，Frank选择了另外的方式，他与客户探讨了新的价格与服务范围的可能性，并且顺利地把这个三年合同延长到了五年，真正做到了双赢。Frank说，“这就像夫妻间的摩擦一样。如果两口子间拌个嘴都有人要提出离婚的话，那么这个婚姻一定难长久。”

2.避免采取威胁手段

3. 挖掘更深的原因

表面看来，大部分的冲突型谈判都是跟金钱利益相关的：甲方或乙方谁来承担损失？如果将此看作“零和游戏”的话，就意味着双方在争夺同一块大饼。但实际情况是，浮于表面的利益争夺之下，往往有其他的因素。可能只是某一方感到气不过，或者是面子等问题。比如，你的客户受到了公司内部其他部门的挑战，而把这种压力直接转嫁给了你。关于这一点，我们将在《冰山原理》这一章节有详细的介绍。

第五节 “刺破”尴尬

“上周去客户那边谈方案，一开始还谈得挺好，结果不知从哪句话开始，感觉双方渐渐陷入了尴尬冷场，我自己也越来越紧张，后来语无伦次说了点啥也不记得了，感觉客户也是如坐针毡，最后就草草结束了这次会谈。哎……不知道下次再遇到这种情况应该怎么办。”

这是一位学员的留言，相信这种情况不是孤例，很多学员，包括我自己在内，都会在谈判中遇到“尴尬”的情况。那遇到这种情况该怎么办呢?

这里有一个简单实用的招叫作“把尴尬说出来，就不尴尬了”。

有时候可能不仅是尴尬，也可能是沉默、僵局，甚至愤怒。就好像和客户之间架起了一堵无形的“墙”，双方都被包裹在里面，空气越来越稀薄，越来越闷热。

但双方都装作没看见，又都想逃脱。

那个时候就需要有人，找准时机，只需轻轻“戳破”，这面“墙”就应声倒塌了，新鲜的空气又回来了，周边的气氛又恢复了，继续进入有效的谈判。那具体怎么做呢?

1. 保持觉察，不要慌乱

尴尬的情况在所难免，谁都会遇到，但觉察力各不相同。是在尴尬的苗头出现的时候，就已然觉察？还是后知后觉，或者不知不觉？

觉察到之后，别慌张。比如本节开头提到的那位学员，虽然他觉察到了，但被情绪控制从而乱了章法。应该保持镇定，不要自乱阵脚。

2. 自己出手，刺破尴尬

如果必须要有一个人来刺破这个尴尬，你觉得应该是客户动手呢，还是我们自己动手？我想这个答案很明显，我们不能总把希望寄托在客户身上。

自己勇敢地主动刺破尴尬。比如这样说：“李总，我感觉我们前面几分钟聊得有点尴尬”，“王总，好像我们刚才聊得火药味有点重。”当我们用自嘲、幽默、真诚的方式说出来的时候，客户可能会“哈哈”一笑，或者给一个正向的反馈，氛围瞬间就轻松了起来。

3. 留足空间，重开话题

当然气氛可能是有所缓和了，但还没有恢复到完全自然的状态。所以不要着急，要有点耐心，可以叫个小小的暂停，或者喝杯茶。也不妨说个其他话题，可以是和这次谈判有关的，也可以是其他工作或者生活的话题，确认双方在不紧绷的状态，才继续切回原来的议题。

尴尬、僵局不可怕，可怕的是我们没有准备好如何应对它。一旦你有了“戳破”尴尬的意识和方法，相信再遇到这样的情况，就可以多一种选择。

第七章

面对重量级客户，
如何在谈判中赢得平等地位

第一节　快速建立好感

我有一位从事保险销售已经十多年的朋友，业绩在团队当中总是遥遥领先。所以我就向他请教：“Jack，你是怎么搞定那些客户的？因为作为保险销售人员，你要面对不同类型的客户，但是看起来你总是能够跟客户保持很好的关系。”

Jack回答我：“其实我认为保险销售的挑战是很大的。与其他的产品不同，我们的产品实质上是一种服务，且没有办法让客户试用。因此我觉得最重要的就是需要让客户喜欢你。人们总是先接受保险顾问，然后再接受他推荐的产品。”

这个说法恰好与著名心理学家罗伯特·西奥迪尼的观点不谋而合。西奥迪尼在他的成名著作《影响力》一书中列举了六大影响他人的原则，其中排名第一的就是“喜好”。书中总结道：人们喜欢他们喜欢的人。这句话也可以引申为：人们喜欢从他们喜欢的人那里接受建议（比如，女生总是向闺蜜们寻求建议），人们喜欢从他们喜欢的人那里购买东西。

那么，接下来的问题就是如何让别人对你建立好感？相信每个人都有自己的方法。今天我们来说一下其中一个简单有效的方法：跟你的客户找寻共同点。成功学大师戴尔·卡耐基说，“有共同点的人自然走得更近”。想想是不是这样？有句俗话叫作“老乡见老乡，两眼泪汪汪”。我们有共同的家乡，这就是共同点。再比如俗话说“你姓王，我姓王，500年前是一家”。只是因为我们有共同的姓氏，这就是共同点的力量。

现在我们来想象这样一个场景：随着中国人的富裕程度提高，消费也随之升级，于是许多人开始喜欢上了出国旅游。现在到东南亚去旅游已经不稀奇了，走得稍微远一点的国人去了美洲、欧洲、甚至非洲和南极。但凡地球上能站人的地方，据说都站有中国人。

地球上哪个区域中国人去旅行稍微少一点？还真有一个地方：南美洲。像秘鲁、阿根廷、委内瑞拉……为什么呢？其中有几个原因。第一个原因是交通不太方便，从国内直飞那里的航班很少，大部分需要转机多次。第二个原因是语言不通，在南美洲主流的语言是西班牙语和葡萄牙语。即使有人英语流利，到了南美也完全派不上用处。好在网上总会提供给你攻略，因为会有人比你先去过那些地方。所以当你们几个小伙伴们在那里旅游时，就在大街上拿着攻略对照地图。正在此时，突然在你的耳边传来了熟悉的普通话。你转眼望去，发现那边也有三个跟你一样黄皮肤黑头发的人在交谈。于是你们很快就交流上了："你们也是中国来的？"

对方说："是呀！我们刚到第三天，你们呢？"

"我们昨天晚上才到呢！"你们发现人家比你早来两天。

聊了几句后，那几个两分钟前刚刚认识你们的中国人突然问道："你们有没有去过这里镇上的特色音乐酒吧？真的是必去景点啊！"虽然你们压根没有听说过这个酒吧，攻略上也找不到这个酒吧，但你和你的游伴今晚还是修改了原计划的旅游行程，去了两分钟之前你们刚刚认识的那几个中国人给推荐的特色音乐酒吧——不管那个酒吧是好还是差。

然后我们换到另外一个场景：今天早上你在坐地铁时突然邻座的乘客用普通话来问你："嘿！你有没有去过某某街上的特色音乐酒吧？你一定要去啊！"我想你今天晚上即便没事可干，也不会就此接受这个人的建议。

请问这两个场景的差别在哪里？同是讲普通话的陌生人，为什么你会听从远在异国他乡的中国人建议，却不会听从地铁上那位中国人的建议？其实原因当然很明显，因为在地铁上，满车厢的人都说普通话，所以你与那位邻座乘客的共同点就被完全淡化了；而在满城都是讲西班牙语的人的情况下，你跟那几个中国人的共同点就突显出来了。

我常常在培训时让学员做这个练习：请找寻几个与你相邻学员的共同点。于是，有的学员就告诉我，“我们的共同点是都在这公司上班”。在我看来，这根本算不得共同点。为什么？因为这房间里除了我，其他所有人都在这个公司上班。我们需要的是有效共同点。什么是有效共同点？你的女儿今年小升初，我女儿今年也小升初，这才是我俩的有效共同点；你喜欢皇马足球队，我也喜欢皇马足球队，这才是有效共同点；你平时喜欢打高尔夫球，我也喜欢打高尔夫球，这才是有效共同点；你是鹿晗粉，我也是鹿晗粉，这才是我们之间的有效共同点。

总结一下：有效的共同点不应该是显性的，比如我们都是男性；而应该是隐性的，即一眼看不出来的，如爱好、经历、信仰、习惯等。有了共同点人们就自然走得更近。而一旦你跟对方走得更近之后，其实就加深了你在对方心目当中的分量。

第二节 专家效应

很多学员在课上分享时说：“我到了客户，尤其是些大客户那，就觉得心里没底，感觉到所谓的‘敌强我弱’。”大家听了哈哈一笑，说自己也有类似的体验。

我非常理解大家的这种感受，因为自己也有过。同时也会提醒大家，如果潜意识中，没有把客户当作“伙伴”，而是当作一个“对手”，那你的心态和动作，就会按照“对手”的角度开展，就很容易陷入“对抗性谈判”中去。

那么有什么办法可以让自己在面对客户的时候，无论客户公司规模大小，沟通的人级别高低，都能更有自信和主动权呢？

让我们尝试换个不同的角度来看看，比如就拿健身教练来做例子。

我在课上问学员：“我的健身教练年龄比我足足小一轮还不止，当然工作也没几年。那请问，在健身方面我应该听谁的？”

学员：“当然是教练啊。”

“他年纪比我小，工作经验没我多，阅历也没我深，那为啥我反而要听他的呢？”

“两码事嘛，在健身这件事上，人家是专业的，就应该听人家的呀。”

其实想想，在很多领域，医疗、人事、法律这些特别专业的就不提了。就好比健身、旅游、美发等行业，哪怕“Tony老师们”看起来很年轻。我们是不是都挺尊重这些“专业老师”的建议呢?

这里就引出一个叫“专家效应”的概念，是指人们对于各领域的专业人士，有一种天然的信任和尊重感。

那反过来自问一下，在客户面前，我们是否也是他们心中的“专业老师”或者“专家”呢?

如果这个答案是“Yes”，那么在我们去见客户的同时，就应该对自己有一个很强的暗示。客户之所以愿意见我，是因为我在他们心目中是这个领域的“专家”，能够提供建议和价值，以及专业的服务。即便他是董事长，但是在这个领域，他也不见得有我们懂得多，而是需要我们的专业支持。

同时，如何让“专家效应”更持久和深入。有以下几个建议:

第一，做好充分准备。如果对客户、产品、行业信息不够了解，那么你这个“专家”就很容易变成一个“伪专家”。我们就遇到过好多学员分享他们“翻车”的例子，因为对于客户的基本信息没有准备齐全，导致客户觉得他们号称很专业，却连基本的功课都不做，那怎么能相信他们呢。

第二，借助团队力量。无论你是资深人士，还是行业新人，你的团队、你的老板、你的同事的经验总是能帮到你，和你互补。所以记得“借力”，这也是遵循谈判中“更多筹码”的原则，记得用团队力量来增强你的“专家光环”。

第三，用案例和数据说话。相信你自己和团队在过往经验中，一定有不少亮眼的案例和数据（非敏感信息），记得拿出来，别藏着。

而且有一点很重要，当展示重要数据的时候，如果你对客户说：“这个数据系统里有，等我回去查一查再告诉你。”专家的味道就瞬间弱下去一点。很多东西是需要琢磨，记在脑海中的。如果客户问的一些问题和数据，你能脱口而出，信手拈来，如数家珍，那相信你的专家形象在客户面前会特别鲜活。

试举一个猎头的例子。猎头需要不断去拓展客户，经常发现，当猎头拿出地毯式人才地图（Mapping）的表格，或者和客户分享他们行业里，主要竞争对手的特征和人才近况，数据翔实，有问有答的时候，客户会表现得非常认真和感兴趣。

有人会说，哎哟，我入行时间不长，或者遇到了新的行业，没有那么熟悉数据怎么办。没关系，可能你就专门准备了那些，也把知道的都讲了，那也很棒啊。因为即使你只把准备的内容说清楚了，当客户愿意来了解更多的时候，他们身体前倾，眼神专注，对你询问，希望你或者你的队友多说一点的时候，你这个“专家”的初步形象就已经建立了。那么接下来也可以把问题抛给客户，多听听客户的需求和想法，或者聊点其他的主题。

相信自己在客户心中是一个“专家”，并且为此而做好准备和功课，自信自然多一点!

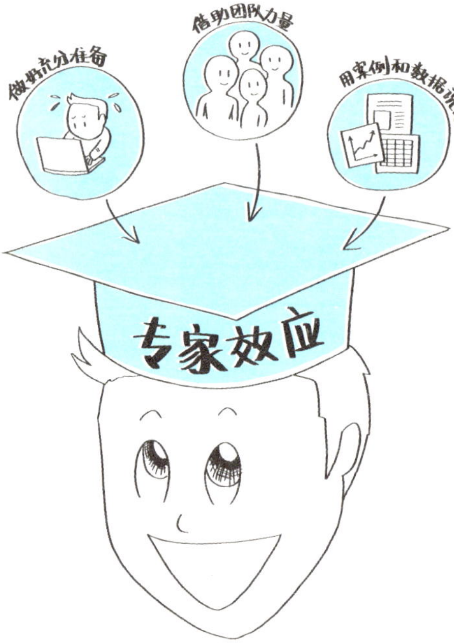

第三节 沉没成本

学过经济学的人都知道，有一个概念叫作“沉没成本”，指的是以往发生的，跟你当前做决策无关的那些成本。一般来说，做决策的时候你不应该把沉没成本考虑进去。然而人都是非经济学动物，他们常常会下意识地把自己起初的投入作为自我决策的依据之一。在买股票、谈恋爱中的人们如此，在谈判中的人们也是如此。让我们试想一下这样的场景：在换季的时候，你想为自己添置一套新的西服，所以你走进商场，来到了某一个卖西装的店铺，走进店里的时候，营业员热情的招呼你说：“先生，您好，我们这一季的新款上市，您要不要来试一试？”在你决定要试衣服之前，你先问了营业员说：“不好意思，我想请问一下，你们这一季的新款西服，我想请问打几折？”这时候你会发现营业员会一本正经地告诉你说：“很抱歉，我们新款上市是不打折的。”

但是想象另外一个场景：你跑到西服店，那个营业员热情招呼你说：“先生，您好，我们这一季的新款上市，你要不要试一下？”那你就问他说：“我正好想买西服，有没有我这样的尺寸？”所以营业员挑了一件，你试了以后，你说：“这款西服我不太喜欢，因为它是三粒扣的，我喜欢那种两粒扣的，不好意思，有没有两粒扣的？”于是营业员再找了一件两粒扣的西服给你套上。然后你套上以后，你会发现并说：“这个袖子好像有点长，我不喜欢袖口太长的，有没有袖口稍微短一点，我衬衫可以露出来的那种？”于是又换了一件；再换了一件以后，你又说：“这件西服我不喜欢后面的开衩，有没有不开叉的？”于是再换一件。之后，你又发现说：“这条裤子不太喜欢，我喜欢下面收口的，有没有裤脚收口的这种西裤？”几套西服换过以后，时间已经过了将近一个小时了，这时候你会发现，这个营业员已经显得有些稍微不耐烦了。等到最后衣服试上以后，那营业员气喘吁吁地问你说：“您觉得这件怎么样？”

这时候你就跟营业员说：“你看这一件袖口挺满意，开叉也挺满意，裤型也挺满意，我都满意，如果真有不满意的话那就是价格，我觉得价格太贵了，不好意思，我想请问一下，你们这西服能打几折？”你会发现很奇怪的是，这时候往往就能打折了。那这其中差别的原因是什么？我相信你也想到了，这个营业员在思考：“我已经在这个客户身上服务了将近一个小时了，如果仅仅因为价格因素让这个单子失去了，那么之前投入的这一小时服务，不是白费了吗？好吧，我就少赚一点，给他打个折。”我们可以看到营业员在决策是否给这个客户打折的时候，他的参照依据竟然是非理性的沉没成本，就是“我在这个客户身上已然花去的服务时间”。照理从符合经济学原理的角度来说，营业员应该给更少需要自己提供服务的顾客打折，而这种需要自己投入很长时间服务的客户，不仅不是打折，按理说还应该加收钱。然而这就是真正的生活，不是吗？所以在谈判的时候，沉没成本就变得非常重要。

如果你能够迫使你的谈判对手在谈判的过程当中不断地投入他的精力和时间，那你会发现你就能很好地拖住他，最后你就能更好地获取你所想要的结果。那现在再让我们回到上述场景中来。很多时候销售顾问他都害怕失去那些重量级的客户，因为他们有太多的选择。你应该做的是利用沉没成本，不要在谈判的初期去跟对方纠缠过多困难的部分，比如说价格；而应该利用沉没成本的概念，一开始跟对方谈一些双方都容易达成一致的话题，让客户不断地投入时间、投入精力深入下去；到了最后谈判关键问题，比如价格方面的异议，客户会觉得我已然跟你谈了这么久，真让我另起炉灶，再找一个供应商去谈的话，我又要这样走一遍，算了算了，我还是答应你吧。就这样，谈判便较容易达成一致意见。

第八章

如何面对客户的：“我们不需要新的供应商。”

第一节 冰山原理

1912年4月15号，当时号称“永不沉没的巨无霸”泰坦尼克号邮轮航行于大西洋时不幸撞上冰山沉没，造成1500多人罹难。这堪称是近代史上最严重的沉船事故之一。事后的调查发现，主要的原因是当时的船长急于要按时到达目的地纽约，置海面大量浮冰不顾，仍然下令全速前进，而且仅派了一个瞭望员在甲板上用肉眼来做观察。但不幸的是，虽然船体避开了海面以上的冰山，却撞上了水下冰山，造成船毁人亡。

那么，我们在谈判的时候，有没有可能像泰坦尼克号一样撞上了谈判的“冰山”呢?

如果借用下图来看，冰山的两个部分，就如同人们决策的两个因素。海面以上的部分是理性的决策因素：包括价格、质量、数量、付款方式、交货周期、服务范围等。这些因素最大的特点是它们相对容易量化，所以往往会被人表述出来。我们再来看这海面以下巨大的部分是非理性的情绪因素，往往包括恐惧、信任、偏见、面子问题等。这些因素它往往比较难以被量化，所以它们就隐藏在水面以下，不直接被表述出来。

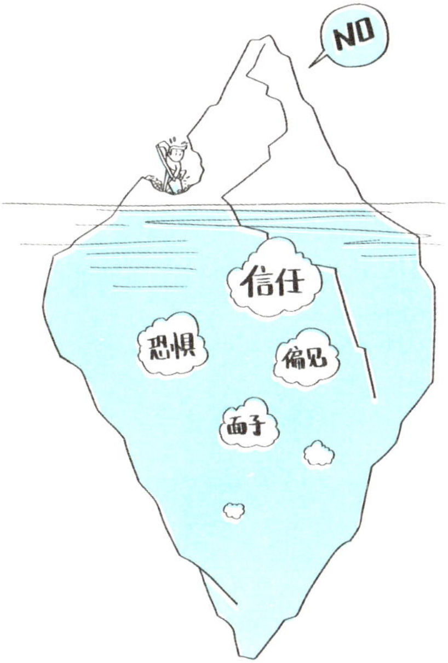

很有趣的是，人们总是基于海平面以下情绪化的因素做了决定，却拿出海平面以上的理性部对你来说“Yes”和“no”。无论在生活中或者商业中，这样的情况比比皆是。

比如说老板告诉员工，“抱歉，我没有预算。”看似理性的拒绝，可能真正的动因是“我不相信你能用好预算”（信任）。信任作为非理性因素隐藏于海平面以下。或者客户对你说“对不起，这个做法不合规。”是否符合规则，是逻辑理性的，而或许真正的因素是“我害怕做决定，从而承担责任”（恐惧）。

正如《情商》一书的作者丹尼尔·戈尔曼所说，“从决策来看，情绪往往比理智跑得更快一些”。所以，那些觉得自己“理性决策”的人其实只是片面地收集了支持自己非理性决定的信息而已。

设想某天你部门的同事突然来问你：“你觉得我要不要离开公司创业？”他想听到的答案是什么？或许他根本不想听你为他分析离开和留下的利弊，而只想听你告诉他“公司不行了，你快走吧”。然后，他就可以自己说服自己，“你看我问了甲、乙、丙……我问了老员工和新员工，问了财务的同事，也问了销售的同事……他们的说法都一致——公司不行了。所以，是该走的时候了。”我们都知道这是自欺欺人。貌似最终你找到了很多人来支持你，但潜意识会引导你仅去咨询支持你这个论点的人。

有一次在宝马公司培训，中午用餐时一位工程师学员跑来坐到我的对面说：“老师，你说的冰山原理让我想起前不久我的一位高中死党来咨询我购车的问题。半个月前他突然电话我，问我对特斯拉的评价。我就很客观地跟他聊了一下这车的优缺点。结果昨天他又在微信上问我特斯拉这车到底好不好。刚才你的举例就让我终于了解，原来这哥们是想买特斯拉呀！”是呀，保时捷有句名言“没有人需要一台保时捷，每个人都想要一台保时捷”（We are what nobody needs, but everyone wants.）。当“想要”（非理性）主导了脑海时，人们就能找到一万条自己

“需要”保时捷的“合理理由”。

我们回到冰山模型来看。当对方以没有需求、价格太高、时间太久等理由拒绝你时，不要急于处理这些异议。请思考下，这些“No”是真的“No”吗？在你没有解决掉海面下的异议之前，任何回应都是无用的。因为你会发现即使你“说服”了对方，他又会立即提出其他异议。

那么，正确的做法是什么呢？十多年前在我当时经营的一家幼儿英语培训中心里有一位课程顾问的成单率极高。记得内部交流时，她分享自己的佳绩经验：大部分家长在试听课结束后并不会马上为孩子报名。面对上几千甚至上万元的决定时人们难免有所不安。但是，当他们拿“孩子现在还小”“课程价格太贵”“每个班学生太多”等理由拒绝时，我一般不会马上反驳。反而，我会认可对方这些说法，并问他们，除了刚才提到的，您还有哪些顾虑呢？在积极聆听之下，家长们往往会道出真实的疑虑。这时候，跟客户的对话才算真正开启。

所以，面对客户的异议，我们不用慌张。先认可接受，再询问对方还有哪些想法。等待海面以下真正的冰山浮现出来之后，处理起来才会事半功倍。

第二节 烫山芋处理法

可能很多朋友会遇到一个头疼的问题：你的客户跟你说，“我们不需要新的供应商”，或者是“你已经错过了供应商选择的时间”，还有一些说“我们没有预算了”，另外一种喜忧参半的情况是：客户说或许我们可以试试，但是不能签合同，只能给出一些口头承诺。

这样的问题在商业中是比较常见的，很多朋友遇到这样的情况，他的第一个反应是：“太可惜了，那我们下次再交流吧。”那有没有更好的办法来让局面更好，获得我们想要达到的结果呢？

谈判大师罗杰·道森有一个说法，叫作“烫山芋”，顾名思义，在很多商业问题中，我们经常会收到“烫山芋”，会让你非常难受，甚至是受伤。

那我们提到的这个“烫山芋”是谁造成的呢？本质上是客户的人为规定或者做法造成了这样的情况，但是这个问题却要我们去承担。所以我们不能把“烫山芋”放在自己手上，而是要尽可能妥善地处理。下面给大家提供几招在实战中非常有用的技巧来应对这样的问题。

1. 先确认情况的真实性

当客户说没有预算，现在不需要新的供应商，你要马上警觉地去判断：这个情况是真的吗？还是说客户只是用这个理由打发或搪塞？这时候，你可以礼貌地再询问一下详细情况："您是说任何供应商都不需要了吗？是今年所有的预算都用完了吗？"这个时候你去观察他的反应是很重要的。因为如果情况不属实，那么他的反应可能会有些迟疑，开始打马虎眼，或者他说不完全确定。那么这样一个简单的确认核实，就帮助你有一个进一步沟通的机会。

2. 要明确下次的有效时间

比如说对方告知你已经错过供应商选择时间了，那么你可以继续询问对方下一次选择供应商的时间是什么时候呢？可能他会告诉你说下个月或者下周。但是，如果你不问，那你永远也不会知道。而且，有可能这个间隔时间比你预想中短很多，是你完全能够接受的，所以要明确下一次的有效时间，也是特别关键的。

3. 寻找关键人

如果对方既“关掉了这扇门”，下一次的窗口时间又在很久以后，你可以询问对方“如果需要破例的话，谁可以决定？”比如说对方告知公司的总监或是副总裁才能够有权力决定是否有可能破例。我们要相信，规则是人定出来的，所以所有的规则其实都一定有特例，再比如去买东西或是去餐厅吃饭的时候经常会出现“特例”，比如需要店长出面来帮助你实现一种特殊需求。商业行为中也是这样，所以要找到主事人、关键人，那么你就可以知道谁可以来做这个决定，帮助你获得一个特殊的机会。

紧接着，你需要请求获得跟关键人交流或见面的机会：你向对方询问说“我可不可以把这个方案（或情况）跟总监沟通一下，看看我们的价值是不是可以让贵公司有一个新的考量？”

当然你得到的答案可能是“yes”或“no”，对方可能会说“不方便”，那我们还可以要求他向“关键人”转达情况，“您能不能把我们的资料转达给贵公司总监，我们想听听他的建议。”这样至少可以把你的信息带给“关键人”。不过，有时候这一步也会遇到挑战，可能对方表面答应了，但你却能感受到他不是认真地对待这件事情。所以不要忘了最后一步，很简单也非常重要，就是“明确回复的时间”，如果你只是让他去转达一下，他不见得会把这件事作为优先级，所以你要说，“您看什么时候我能够再跟您跟进一下，听听总监回复的结果呢？”当你要跟当事人明确一个具体时间，比如明天下午三点或者下周二上午十点再做进一步的沟通。那么因为有了一个明确的时间节点之后，人们更容易把它当作一个待办事项去处理，这样的话你就有可能获得进一步的机会。

好了，“烫山芋”的处理技巧先分享到这里，还有更多的技巧和方式，我们慢慢再聊。

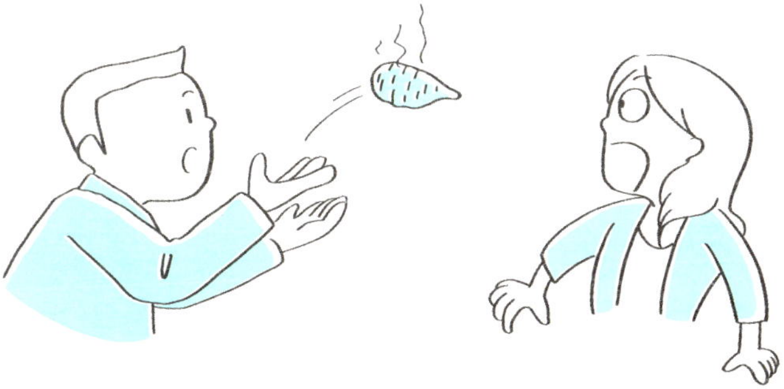

第三节 门把手策略

当客户明确说不需要，或者谈判陷入僵局的时候，有一招实战效果不错，我们把它称之为“门把手”策略。

想象一下这样一个画面，在一个会议室中，你跟客户的谈判可能已经陷入了僵局，客户也频频看表，意思很明显，就是今天差不多就到这吧。你也顺水推舟，意思说时间也差不多了，期待下次继续。那时候你整理好公文包、笔记本走到了门口，当你的手去摸到那个门把手的时候，你突然似乎想起了什么，回头和你的客户说：“李总，虽然这次我们可能暂时没有办法达成合作，很遗憾，但我尊重您的决定同时很感谢您给予的时间。在离开之前，想请您帮个忙，能不能至少告诉我一下，您这次没有选择我们的深层原因是什么？至少可以让我们有个进步的机会，下次有机会能做得更好。”

这个时候李总或许会说：“其实你们也挺专业的，但刚才沟通下来，感觉你们手上已经排了太多单子，我们会担心交付周期会比别人长，而这点恰恰是我们特别看重的……”

这个时候你突然一拍大腿说：“啊，原来是这样啊！很抱歉刚才可能让大家误会了，既然大家是因为这个原因，那我一定要和诸位说下我们的实际情况……”

可能这样一个方法，就又让你和客户重新坐回了谈判桌上。

拆解下“门把手”的关键要素有三点：

1. 卸下身份，退出场域

无论是客户还是你自己，中止了这场谈判。都要和客户主动承认，我们这次谈判看来“暂时”结束了，而且自己也完全接受（内心也请这么想，就当结束了）。有经验的顾问还会让客户不要有压力，细水长流，这次不行，以后再合作，让客户放松。这样做的目的，就是让客户感觉你真的放下了这次谈判，跳出了这场谈判，你们双方就不是所谓的“客户”和“顾问”的关系了。因为当你是以一名销售或者顾问的身份来和客户谈方案，那么客户的第一个本能反应是：哦，你要来“卖”我东西，你说的话我可要小心的听。而一旦你说了接受这次无法合作，大家解除了这个关系，那么这个场域就完全不一样了。

这一步是整个环节最核心的所在，你“退出”得越自然，客户的心态就能越放松。

2. 真诚请教，了解真相

客户放下了心防，更愿意和你多说一点可能之前没有说的“冰山下”的信息。这个时候，让他帮你一个忙，就是告诉你一些真相。

比如：这个事情为什么没空间商量？深层次的真实原因到底是什么？有哪些是还没来得及对你说的？自己有哪些地方可以进一步改进的？等等。

如果只是得到表面上“冠冕堂皇”的理由，而不是真正的原因，真正的问题自然无法得到解决。所以才有了“当你得到了真实的原因，问题就已经解决了一半”这种说法。

语气越真诚，态度越谦逊，客户愿意和你分享的概率就越高，能得到“真相”的机会也就越大。

3. 快速评估，重回谈判

当了解了真实原因，针对这个原因，再快速评估自己有没有更好的方案。

如果有新方案，就像上面那个案例一样，和客户说明之后，礼貌要求重新回到谈判桌，和客户详细沟通新的方案。

但如果没有更好的方案，那么感谢客户并结束此次谈判也不失为一个好选择。

这个技巧其实看上去可能不那么复杂，但是实则非常有效，特别是在你的客户拒绝你的时候。

比如保险客户在签字前最后一刻要毁约，猎头的候选人最后一刻说不去上班，或者是买房的客户最后一刻说这个房子不想要了，等等。在这种情况下，“门把手”就不失为一个有效的应对方式。

不妨告诉客户说：“谢谢你告诉我你的想法，你也别有压力，今天不管你做了什么决定，我都理解这是你真的想要的，我也会真诚接受。”（第一步：退出身份）

“但至少能不能把背后真实的原因告诉我，也让我知道下一次如何做得更好。”（真诚请教）

然后自然就进入到下一步“快速评估，重回谈判”阶段。

希望这个方法也能让你突破僵局，救回机会。

2.真诚请教
了解真相
1.卸下身份、
退出场域
3.快速评估
重回谈判

第四节 说服的力量

随着医学研究的不断进步以及人们对疾病认知的不断提高，“与病毒共存”已经慢慢成了慢性癌症患者们广为接受的治疗方式。然而，每一年仍有部分患者不听从医生的建议，选择了手术这一对他们可能并不适合的治疗方式。试想一下，如果你是一位专业医师，如何说服病患听从你的治疗建议呢?

1. 运用社会认同原理

著名的心理学家罗伯特·西奥迪尼在《影响力》一书中提到了“社会认同”（Social Proof）这一原理，即人们在做决定的时候总是倾向于跟周围的人看齐。没有人比电视直销的导演更会运用这一方法了。在节目中，主持人不断地向你汇报已经有多少人购买了该产品，同时背景音也播放着此起彼伏的电话铃声，配以电视屏幕上滚动的最新客户信息，这些无不在提醒你：别人都在买，你也该抢购一个！所以，哈佛大学的研究显示，如果医生告诉他们的患者，很多跟他一样病症的人正在接受该治疗方法，说服的成功率会高出一倍！所以，回到谈判中去。如果你需要说服客户接受某个方案的话，拿出数据告诉他别人也是如此。

2. 运用框架效应

框架效应（Framing effect）最早在1981年由阿摩司·特沃斯基与丹尼尔·卡内曼提出。框架效应的意义是，面对同一个问题，在使用不同的描述后，人们会选择乍听之下较有利或顺耳的描述作为方案。当以获利的方式提问时，人们倾向于避免风险；当以损失的方式提问时，人们倾向于冒风险。一位名叫艾迪的美国医生做了比较。

他告诉哈佛大学的研究人员原先他是这样向一些不需要开刀的患者介绍治疗方法的："过去，很多病人采取开刀的治疗方法。但现在科技进步了，人们接受了与'癌症病毒'共存的理念，而且事实证明他们余生的生活质量非常高。”

艾迪医生注意到这不算是好的说服方法，因为很多患者首先听到的是“过去的方法”，并在脑海种形成了框架。因此后来他改变了说服方式——直接告诉患者现在更多的人选择“与癌症病毒共存”（当然，这也是事实），再去告诉他们治疗方法改变的历史。第二种说服方法显然更有效——艾迪医生的说服成功率从60%一下子提升到了95%。

谈判者可以从“框架效应”中学习到什么呢？如果你有ABC三个方案的话，确保提案的第一个是最有吸引力的，因为客户自然容易将另两个与第一个比较。

3. 创造稀缺性

得不到的总是最好的（If you don't have it, you want it），这就是人性。原本稀松平常的东西，一旦紧俏起来，人们就顿时觉得其价值不同。那些喜欢发行“限量版”的商家深谙此道：限量版纪念币、限量版手机、限量版汽车、限量版乐高套装……

我曾经坐过几次某经济型航空公司的班机。在旅行途中，乘务员小姐突然广播：“为答谢本次航班乘客，我们航空公司与XX银行联名发行了一张信用卡回馈大家。但是，名额有限，我们以先到先得的原则给予20个乘客这个机会。如果您希望获得该卡的话，请稍后按下您头顶的服务呼唤铃。”神奇的是，话音未落，就听到机舱内响起此起彼伏的铃声。但是回想一下，那些银行在地铁口和热闹商业中心摆摊免费办理信用卡的时候，人们却看也不看一眼。

所以，艾迪医生明白，创造稀缺的机会对于说服患者来说就变得尤为重要。因此，在介绍治疗方案时，他总是不厌其烦地告诉患者，并非每个病人在任何阶段都适合“与病毒共存”的疗法的，而你的情况就是那种适合的状态。

所以，谈判者可以从这里学到什么？或许就是创造一定的紧迫性，让客户明白你的提案有时效性，过了这个村可就没这个店了。

4. **获得对方承诺**

虽然并非每个人都能做到“言出必行”，但不可否认，这是社会约定的道德标准。汽车销售顾问往往比较善用人们的承诺。当你到经销商零售店去询价时，销售顾问总是问：如果价格合适的话，你今天会买吗？其实这对顾客来说并不是一个容易回答的问题。如果回答“我只是来看看”的话，那么销售顾问就会说“等你确定要买的时候我们再来谈价格吧”。而一旦顾客回答“是的，价格合适我当然会今天就购买”，那么在商议完价格后，顾客就很难违背自己曾经的承诺而最终支付了定金。

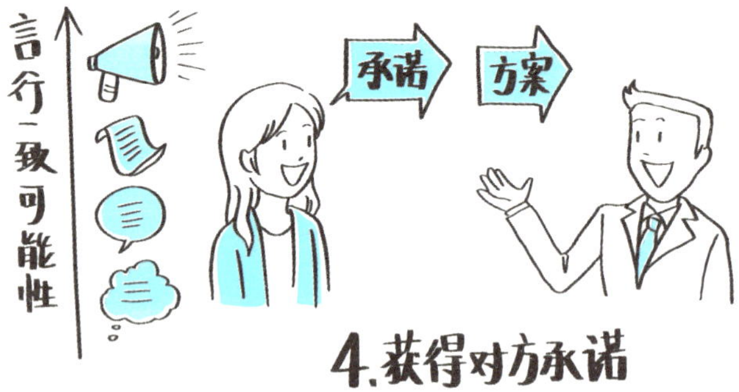

根据罗伯特·西奥迪尼的研究，人们对“言出必行”的承诺度从低到高分别是：

暗自承诺：就像女生常常为了减肥暗自发誓再也不吃甜食了；

口头承诺：告诉对方你会做（或者不做）什么；

书面承诺：把你承诺的内容用文字写下来，比如在朋友圈告知所有人开始学英语，要求大家监督；

广而告之：在公众面前承诺。

承诺度越高，人们“言行一致”的可能性也就更高。所以，说服别人的一个方式就是让其先做出某方面的承诺，然后提出你的方案，并说明你的方案如何与对方的承诺有一致的原则。比如，艾迪医生在介绍治疗方案前总是会问患者：“您是相信现代医学和专业数据的人吧？”人们总是会给予肯定的回答。然后，艾迪就告诉患者他推荐的治疗方法与现代医学的研究是一致的，并有大量权威数据证明。如此一来，说服他人就并非难事了。

对于谈判者来说，当你抛出方案之前，请思考一下，你需要客户先承诺什么？

第九章

客户拿老板或其他部门作为挡箭牌怎么办

第一节 三张谈判桌

经常有从事销售的学员来咨询：“老师，当我给客户抛出了方案之后，对方往往会拿出老板或者其他部门做挡箭牌。请问我该怎么办？”

其实，当销售面对的客户规模越大，越会常见这样的“挡箭牌”，比如“我要跟财务商量下”“我要请示老板”“我得跟法务的同事沟通下”……

面对这样的挑战，我们先从哈佛谈判项目创始人，谈判大师威廉·尤里提出的“三张谈判桌”这一概念说起。在商业谈判中，甲乙双方分坐谈判桌两头，比如甲方的采购和乙方的销售。这张桌子即“1号谈判桌”。但是人们往往没有注意到的是，现场其实另外有两张谈判桌——“2号谈判桌”是你跟对方的采购谈完后要去协调你的内部资源，与公司内部的生产、技术、质量等部门谈判；而客户的采购经理跟你谈完后，他也需要回去跟自己的财务、IT、供应链等部门协商，称其为“3号谈判桌”。我们把坐在2号和3号谈判桌另一端的那些人统统称为“利益相关者”（Stakeholders）。

“1号谈判桌”是真实存在的，而“2号、3号谈判桌”是隐形的，但我们必须意识到这另外两张谈判桌的存在。回想你经历过的谈判，是否对方曾经讲过类似的话：“你这样叫我怎么去跟财务说呀？”“你叫我怎么去跟生产部说呀？”可见，对方的财务部、生产部在他的决策中产生了巨大的影响。

在我过去的培训中，很多次问起学员们：你们觉得这三张谈判桌中，哪一张更容易达成一致？那些有过大型企业工作和管理经验的学员们往往立即叫起来：是现场的1号谈判桌！那是因为坐在这张桌子两头的人往往有着共同的利益。甲方的采购和以乙方的销售看似代表不同公司，但他们两人共同的利益其实就是“把这个生意谈成”，而采购背后的财务、人事、法务、供应链与乙方的销售没有任何共同利益，销售背后的生产、质量、技术与甲方的采购也没有丝毫共同利益。

作为业务人员，需要时刻牢记，跟你谈判的人往往是他背后所有利益相关者的代言人。你每抛一个方案给对方时，他其实就在思考如何用你的这个方案跟自己的内部利益相关者“战斗”。因此，拉拢你的谈判对手，让他站到你的同一阵线即意味着为他补充“弹药”。也就是说，让桌子对面的人向你说“Yes”的前提是，你的方案能帮助他更好地在2号谈判桌上占据优势。

回到开头的话题，如果谈判时一旦发现客户拿出老板、财务、法务等作为挡箭牌时，我们就该立即设身处地去思考下该部门或该领导会对我的方案提出什么异议，而再向对方重点说明如果他在公司内部遇到这些异议应该如何向那些部门、领导去解释。

最后提一个问题给大家思考下。我们刚才说到了“利益相关者”。请问，在谈判中，你方的利益相关者对于谈判结果的态度与你一定相同吗？为什么？

第二节　红脸黑脸

我猜大家对“红脸黑脸”这词儿都不陌生，这也是我们在谈判中经常会使用的“团队协作”策略之一。

据说这种说法，主要来自京剧，红脸一般是京剧中的正派角色，代表这个人正直，对事情采取宽容忍让的态度；黑脸代表这个人性格严肃，规则至上，不善变通。

其实我们在生活中经常能看到这样的例子，双方打配合，一个唱红脸，一个唱黑脸，目标相同，除了把事情谈妥，也很容易让客户有赢的感觉。客户会觉得“红脸”是在帮忙一起说服“黑脸”，如同自己人。

比如在谈判课上，有一个印象非常深刻的例子。

顾问A和B一起和客户在谈合作，客户告诉两位顾问，这个案子很急，特别要求加急，在3天内交付。然后顾问A就当面问顾问B说：“我们能在3天内交付吗？”

B当时就黑脸了：“不行，团队的单子都已经排得很满了，最快也要5天，才有把握。”

A继续说：“一定想想办法，既然我们张总都已经这么讲了，我们怎么也要尽力想办法满足啊。”

B说：“这个事情确实很困难，除非团队周末两天都全天加班，才有把握赶出来。但我们通常不这么做，因为可能会打乱团队下一周的节奏。”

A说：“那你看能不能破例为张总做一次，但是我们质量还是一定要保证的。行吗？”

B说：“通常是不行啦。但大家既然已经这么说了，如果今天也确认签约，那后面就交给我吧，加班加点也会按时交付的。”

之后我们在复盘这个案例的时候，客户方反馈觉得顾问A特别为他们着想，一起帮忙解决了他们时间紧迫的压力，对于合作的其他条款也就不卡死了，顺利签约。

有时候谈判不是一个人在战斗，需要集合伙伴和团队的力量，团队成员需要做好自己适合的角色，无论是“红脸”还是“黑脸”。一起协作让客户有“赢”的感觉，也帮助自己完成谈判目标。

第三节 戴上皇冠法则

相信你也遇到过，不少客户会拿老板或者其他部门作为挡箭牌：比如说财务不同意，法务不同意，老板不同意等等。

应对这种情况，还有一个方法叫“戴上皇冠法则”。这个名字是不是听起来很棒？所以很多学员记得挺牢，使用后觉得还蛮有效果的。

“戴上皇冠法则”是指：承认并鼓励客户的权威性，让客户不要卸下他的“皇冠”，甚至找出隐形的“皇冠”戴在他头上。

因为很多客户会“谦虚”地说自己没有这个能力，或者没有那个权力。但你知道实际上他是可以拍板的，或者说至少有关键“投票权”。

比如，一位顾问他去拜访一家行业中知名企业，接待他的是一位招聘经理，期间谈得很愉快，等谈到了合同部分，这位经理面露难色，说这个事情得找总监确认。

这时候这位顾问微笑又自然地说：“田经理，您就别跟我们开玩笑了，您是总部招聘经理，要合作一家新供应商，还不是您一句话的事。就算要走流程，只要您认可我们，相信总监也会认可我们的。我猜得没错吧？”

这样一个说法之后，田经理八成也会比较开心，自然也就戴上了这顶“皇冠”。

在实际应用中，学员也反馈一开始用的时候，也可能会碰壁。这里提醒大家就注意几点。

1. 不能乱戴这顶“皇冠”

比如说对方是一位刚来不久的人事专员，你就说这些事情不需要请示你老板的。就可能有点过了，甚至会让客户误解为你是在嘲讽。

2. 态度、语言上要自然、真诚

自己内心都不相信的话就不要说了，切忌让人感觉溜须拍马或者油腔滑调。

3. 给双方留足空间

即使对方说还是一定要坚持走流程，那也坦然接纳，但如果在对方心里已经留下了被尊重和认可的感受，相信后续的过程也会容易不少。

第十章

如何应对客户说："我们的价格与条款是统一的，没法改"

第一节　大吃一惊

如果有人问我："你在培训课当中教这么多谈判的技巧，觉得哪个技巧看上去很简单，但真的用起来却很容易跑偏？"估计脑中跳出来的第一反应就是"大吃一惊"这个技能。

这个技巧听起来挺简单的，每次在课上和同学说："当你遇到客户开出的条件或者方案没有达到你的理想线时，都应该表现出'惊讶'。"

大家纷纷表示赞同。有的说："我给客户报价的时候，如果客户没有表现出惊讶，我就认为客户是可以接受这个价格的，我就会很坚持，甚至有时还会追加一些额外条件。"也有学员说："有次跟老公一起去买东西，当店员说一件衣服800块的时候，他不但没有表示出惊讶，甚至说觉得还行，我当时就狠狠地瞪了他一眼，心想他一点不'惊讶'，那我怎么和店员谈折扣啊……"

然而，真的到了让大家操练的时候，发现问题来了，很多学员都遇到了如下的"陷阱"，不妨大家可以留意一下。

1. 浮夸造作，略显夸张

很多学员在做模拟谈判的时候，因为有意识地学了这个技能，他就等着对方来报价，然后用一种“戏剧化”的方式来表达，连旁观者都觉得很造作。表情、语音、声调，一听就是不自然，容易让对方心里有疙瘩。

2. 草率判断，画蛇添足

还有很多学员听到客户报价的时候，会说：“啊？你们的服务费这么低啊！”“你们的预算这么少啊！”他的本意是想表达这个方案没法接受，但是这个表达很容易激怒客户，我甚至看到很多例子是当“啊？你们预算这么少啊！”说出来的时候，客户会说：“少吗？我们觉得不少啊！”然后双方就很容易陷入了争“对错”的局面，一方觉得很少，而一方觉得很合理，大家变成了对抗性谈判。因为多少、高低都是一个相对概念，如果把焦点转移到这里面去，你的惊讶就容易让客户感觉到是一种攻击。

3. 偶尔惊讶，忘记循环

通常学员，在第一次客户的开价或者还价的时候都很容易做到惊讶，按他们话说就是“我早就在那等着了”。但有两种情况，就很容易忽略。一种是客户第一次的报价已经超过了学员的底线，他们会觉得还可以啊，然后就象征性的惊讶一下，但明显让人感觉心里已经接受了。另一种是当进入多轮谈判的时候，大家在后面几轮就忘记了“惊讶”，感觉“惊讶”这个任务在一开始已经完成了。但实际上，顾问式谈判中常说“惊讶在哪里停止，谈判就在哪里停止”，要特别留意。

其实，我们用最简单、最纯粹的方式表达惊讶就可以了，是给客户一个心理暗示就是“你的方案大大低于了我的预期”。甚至有的人会用“不好意思，您刚才说的是多少来着？”这样反问的方式来表达惊讶。当然大多数人还是会用诸如“啊？”“嗯？”等叹词，甚至只是一个惊讶的表情，去自然表达惊讶。

现在大家应该明白我说的为什么“大吃一惊”这个技能看似简单，实则需要拿捏有度，方能体现它的作用吧。

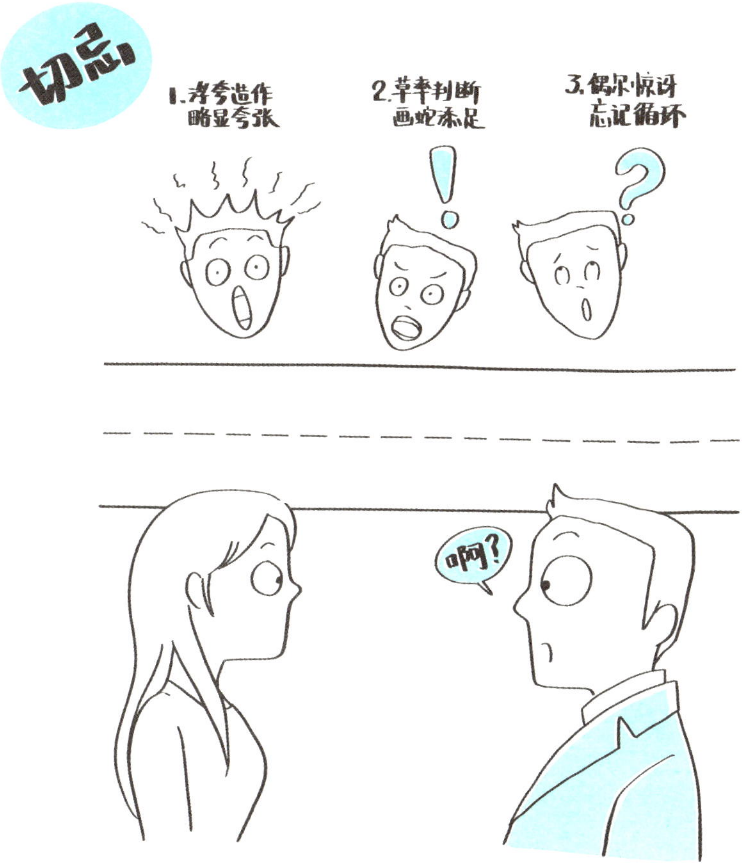
切忌
1.浮夸造作
略显夸张
2.草率判断
画蛇添足
3.偶尔惊讶
忘记循环
啊？

第二节　法定力量

不知道你在谈判中有没有遇到过这样的情况，客户跟你说："很抱歉，我们账期就是180天，这是财务的规定"或"我们的合同文本一字不能修改，这就是法务的规定""我们的流程就是这样，这是我们欧洲总部的规定"……

许多时候人们一听到"规定"这两字，就觉得非常神圣，如果还是写下来的书面规定，那简直不可违抗了。大部分的时候人们会望规定而却步，但其实这只是对方在运用了一种叫作"法定力量"。

从字面上来看"法定"即法律规定。当然，对于法律的规定我们必须遵守和执行。但如果这只是公司的规定，尤其是对方公司的规定，凭什么要我来遵守?

去年夏天我应宝马公司邀请，去沈阳工厂讲课。课程前一天晚上我在酒店吃完饭，散步到隔壁一个很大型的超市，购买了一些水果。由于总额才十几元，我想就不用今天去开发票了，因为明天还要去买点东西。第二天下课，我又去买了些食品之后，走到了服务中心把两天的收银小票递给服务员要求开发票。结果那位女服务员看了一眼这两张收银小票，随即把昨天的那张扔给我，“这张不能开。”

我马上问为什么？

她往墙上一指说：“你自己看规定。”

我顺着她的手指方向发现，墙上确实有一份“开票规定”，密密麻麻写了很多的条目。其中有一行文字“凭当日收银小票到服务台开具有效发票”。

被退回的收银条是昨天的，那么按照“本规定”，自然无法开具发票。于是我本能的说：“好吧，那就请把另一张收银条的发票开给我吧。”

这时，一个想法突然击中我了：我到沈阳来是干吗的？我是来给别人讲授谈判课程的！如果我自己都不去谈一谈，怎么教我的学员呢？

于是我马上又跟服务员说：“不好意思，我昨天那张还是要开，不然我没法报销。”

服务员有点不耐烦，又重复了一遍：“对不起，我没有办法，这是规定。”

“那这样吧，我要投诉。我要见你的经理！”

对方斜着眼睛看了看我，拿起她的对讲机喊道：“张哥，请你过来一下。”

一分钟以后，穿着短袖衬衫的值班经理风风火火地走到了服务中心，冲着那名服务员问：“怎么回事？”

服务员指指我对经理说：“这位顾客一定要拿昨天的收银条开发票。”

经理看都没看我一眼，扔下三个字，一阵风一样地又走开了。一分钟以后我就拿到我的发票。我相信你已经猜到了这三个字是什么：开给他！

我在之后的谈判课程上做过调研，99%的学员表示从未考虑过挑战超市的开票规定。但是你看，如果敢于质疑的话，规定并非不能通融。

当然，在商业谈判中，你几乎不可能去投诉客户，因为客户就是上帝啊。但是，只要你有挑战精神，总是可以找到解决的方法。还记得我们之前说到的“三张谈判桌”概念吗？大多数情况下，你的谈判对方是他背后所有利益相关者的代言人。如果你能很好满足某些利益相关者的诉求，或许能撬动“规定”。

我曾经供职过的咨询公司有着大量跨国企业客户。当需要就培训项目进行谈判时，涉及的利益相关方众多，诉求也各不相同：业务部门领导是提出需求方，员工是培训使用者，人力资源部是主办方，采购部门是价格敏感者。所以，当人力资源部或者采购部拿出不合理的“公司规定”时，最好的方式就是找到提出具体需求的业务部门领导沟通：“嘿，我们已经照你的要求确定了培训方案，而且你也跟培训师见面沟通确认过了。但现在麻烦的是，你们的采购告诉我财务更新付款账期到90天并且无法更改。要知道，这远远超出了我们能接受的范围。我知道你非常看重这次第一季度的培训，所以担心合同签署太晚会影响整个项目进度……”

还没等我讲完，电话那头的领导就打断了我，“没事，我去跟采购沟通一下。不行的话，我会去跟副总申请特别流程，你放心吧！”

亲爱的读者，如果下次再遇到客户的不合理“规定”，你会怎么做呢?

第三节 惯例是不能打破的吗？

在谈判中更多地了解实用心理学的一方总是能为自己争取更多力量，今天我们来介绍如何通过惯例维护自己利益。罗伯特·西奥迪尼在《影响力》一书中指出，人们进行是非判断的标准之一就是看别人，尤其是我们要决定什么是正确行为的时候。当其他许多人的行为被当作是一种证明时，效果尤佳。

请你想象这样的场景：某一天你去商场买衣服，看中了店主开价128元的外套。一番讨价还价后，死活不肯降价——她从抽屉中取出账本冲你挥舞道："小姐你看，我从早上九点开门做生意，一直到现在下午四点半，这款衣服我已经卖了20多件了。我给你看看账本，都是128元成交的。你看到没？128元，128元，128元……"

你顺着她手指的那页一看，确实有好多128元的记录。于是，你妥协了："好吧，那就128元吧！"

等一下，你发现了没有，你停止继续讨价还价并接受128元价格的依据是"别的顾客都是以这个价格购买的"。那么128元是一个合理的价格吗？那已经不重要了。重要的是，相比其他顾客，你觉得至少没有吃亏。你已经不知不觉中从“我要达成我的价格目标”退让到了“我要确保自己相对别人来说没有吃亏”。

那么，当谈判对方采取这一策略时，你应该如何回应呢?

曾几何时，中国游客默认接受了不能自带食物进入上海迪士尼乐园，直到一名女大学生提出了疑问——“为什么？”

中国迪士尼的回复是：上海迪士尼开园两年多来一贯如此啊。而且，这是行规啊！

最后，想必你也知道结果了：中国迪士尼妥协并修改了实行了两年多的“食品政策”。

几年前，我卖掉了原先开了多年的旧车，打算换一台新款。做了一些价格调研后，我在某4S店坐定下来与销售顾问砍价。经过一番拉锯，确定车价后，销售顾问把总价及明细列出清单给我过目签字。一一核对之后，我发现其中多出一项1200元的收费，名为PDI。接着，我们开始了对话。

“请问，PDI是什么费用？”

“哦，那是出库检测费。”

“为什么出库检测费需要我来支付？”

“这是行业规定。你无论到哪儿买车，4S店都要收这个费用的。我们这个店已经有十年历史了，每年几千台销量。所有的PDI

费用都是客户承担！”

“我无法接受这个额外的费用。即便过往的其他客户都愿意支付PDI费用，但那并不代表这就是合理的，或许我该问问汽车品牌公司。”

我想你猜到结果了。销售顾问离开谈判桌去请示了下销售经理，15分钟后回来同意取消了这项收费。

所以，如果在谈判时对方拿出“我们一贯如此”作为借口时，你大可直接指出这种惯例的不合理之处，并坚定自己的参照标准。希望这一心理学知识能帮助你在谈判时维护好自己的相关利益。

第四节 摘草莓

设想某快消公司的要进行一场大型营销活动。于是市场部找来了A、B、C三家常合作的乙方广告策划公司竞标项目，并告诉他们这次采取“综合打分”原则。

三家乙方提供的方案在价格、规格、筹划时间、账期等条件各不相同。如果单从成本来说，市场部总监无疑会选择价格最低的方案C；而从活动效果来说，或许规格最高的方案A更适合；而在跟采购内部沟通时，显然像B方案那样账期越长越有利。

所以，市场部经理找到报价最低的广告策划公司C，告诉他们：不瞒你说，我们找了几家供应商来招标。你们的方案在价格上有一点优势，但是我的老板很喜欢A公司提案的那个活动场地和请来的明星档次。而且，你要求的账期太短了，采购肯定是不会同意的。如果你们能参照A公司的规格，以及B公司那样的90个工作日账期重新提交一份方案，我保证说服我的老板与你们签下合同！

一分价钱一分货的道理大家都懂。对于同规模的乙方来说，不同的价格意味着不同的服务品质。现在甲方不仅要最高质量和最优账期，还要求最低价格，就像在草莓园把最好最新鲜的草莓摘去，将最烂的部分留给了卖家。在我给宝马汽车及中国银行等公司授课的过程中，很多采购以及对外联系供应商的部门都表示这确实是甲方最常用的谈判技巧之一。

那么，作为乙方，我们如何对付甲方的“摘草莓”呢？一般来说，有以下几个方法：

1. 将自己的产品/服务变成一种标准定价

比如，你要报名参加一个日本5日游旅行团时，会不会跟某旅行社说：我喜欢你们这个团的5星酒店标准，也喜欢隔壁那家全程无购物的线路，还喜欢街对面那家的“0利润价格”？旅行社将“跟团游”做成了标准化产品，客户自然无法“摘草莓”了。

2. 主动出击提供信息

甲方能够使用“摘草莓”战术的前提是掌握不同乙方提供的

信息。所以，比客户更了解你的竞争对手和市场行情，就能相对让你占领优势。假如你作为一家服务外包公司向客户做了提案。客户告诉你："好的。我们会收集一些信息，然后内部做个讨论再做决定。"你可以回答："我绝对理解贵公司的做法。如果是我自己来负责这样重要的项目的话，我也一定会了解其他外包公司的情况再做慎重决定的。所以，不知道你们有没有跟X公司聊过？他们公司一般提供给客户的方案会是……这个方案的特点是……但是这类方案只有在……的状况下是比较有效的。当然，你也可能找到Y公司，他们一般的报价都很高，起码是我们的1.5倍。而且如果要他们提供后期服务，客户需要另外付费……"当客户听了你的介绍后，会觉得你对市场信息的掌握度很高，那他们就没必要再花精力去打听了。

3. 通过提问确认，直接点穿

如果客户告诉你："另外几家报价都比你低，要求的账期也都比你长"。你可以直接问他："张总，您确认另外几家报价都是在50,000元以下，而且都是接受90个工作日账期，并且还跟我们一样提供……的服务标准吗？"这时候，对方往往会一笑而过。你就可以接着说："其实我们完全可以提个低价方案让您

‘吃药’。但出于理解贵公司的要求，所以提供了这种高标准的服务方案。相信您之所以找我们来谈，也是看中我们的这种高标准服务。”必须注意的是，直接点穿并不是要让客户难堪，而是在一种轻松的氛围下化解对方的“摘草莓”心态。

后记 1

不要拿走最后一块铜板

如果你已然阅读到这里的话，恭喜你！平均来说，你的谈判技术已经超越了这个地球上99%的人了。或许你已经迫不及待地在下一次谈判中尝试本书中的技能了。那么，在你走入下一场谈判之前，我们有什么建议给你呢?

不要拿走最后一块铜板。几年前我在一家电器零售店选购冰箱。选择了中意的款式后，就开始了与营业员的议价。几轮让步之后，双方僵持于最后一百元的价差。于是，我采取了一个最简单的方法：威胁要离开——因为这家店有众多的其他品牌可供备选。这时，这位中年女营业员从自己口袋中掏出一百元拉住了我说道：“好吧先生，我也实在没办法了。老实跟你说吧，我卖掉这台冰箱也就能提成一百元。刚才的价格是我们这里的底价了，我实在不能再降了。要不你就按照这个价格购买，我自己贴给你这一百元。就当我没赚钱，只是完成一台销量指标吧。”

我并不清楚这到底是真相，或只是她表演的谈判技巧。但我决定留给她这一百元。事实证明我的做法是对的，因为在后续物流部门送货时出了些小问题时，她很迅速地帮我找到了公司内部的相关方给予了及时的解决。

虽然“以自我利益为中心”是人类的天性，但谈判本身就是在做利益交换。卷走桌面上全部的铜板只能让对方产生“被占便宜”的感觉。一旦下次有了机会，他们就会想要扳回一筹。

谈判大师威廉·尤里说起过一个故事。某一次，他被客户邀请去为采购人员进行谈判培训。让他吃惊的是，到了现场后发现客户还邀请了他们的供应商一起来参加。于是尤里就把客户的采购总监拉到一边，悄悄地问：“你确认要让你们的供应商加入这个培训吗？要知道，他们就是要跟你们谈判的人。”采购总监笑着回答：“我们希望与供应商建立的是长久的合作关系。让他们的人跟我们一起学习，那么双方在谈判中就更有可能奔着双赢的目标去，从而提升彼此的效率。”

确实，这位采购总监真正理解了双赢的意义，才会有这样的气度。这个案例也激励着我们思考如何在每次谈判中都让对方有赢的感觉。

后记2

谈判绝对是天底下最快速的赚钱方法，如果不是“唯一”，至少是“之一”。可惜的是，没有任何一本书能够描述完所有的谈判技巧，本书也不例外。我们列举了在商业谈判场景下顾问们会遇到的常见挑战和相应的回应方法，但是也绝不指望任何读者通过阅读本书就能在一夜之间成为谈判顶尖高手。对于希望迅速提高技巧的读者，我们的建议只有一条——熟能生巧。

或许一开始，你会觉得有些方法似乎“反人类”，甚至让你束手束脚，比如不要接受对方的第一次报价。但就像安全带最终帮助了驾驶员行车一样，一旦将本书中的技巧作为谈判的常规动作后，你会受益无穷。

真实的商业环境极其复杂，也不存在两场一模一样的谈判。因此，我们希望你灵活地运用这些场景中的应对技巧。或许你会发现，有时自己创意地将某些技巧组合起来使用的话，会得到意想不到的良好效果。

当然，你也不能奢望顾问式谈判技巧帮助你解决所有问题——这世界上并不是所有的谈判都会成交。

我们用美国前总统约翰·肯尼迪的一句名言结束本段：不要出于恐惧而谈判，但是也不要恐惧谈判（Let us never negotiate out of fear. But let us never fear to negotiate）。

希望本书能为你的工作和生活带来帮助。

后记3

人人都能成为优秀的谈判者

写到这里，本书也接近了尾声，在这本书的创作过程当中，我们二人都有“十月怀胎”之感，甚至是“十年怀胎”，把过去十年的谈判培训心得，尽可能分享出来。同时对我们自己也是一个极大的回顾和帮助。

在创作的过程当中，我们的图像设计师木木可以说是这本书的“第一位”读者，我们每次完稿之后都把内容第一时间给她，请她进行配图设计（如果你也喜欢本书的配图，请给木木一点掌声）。同时也从读者的角度，给我们提供了很多真实、直率的反馈。

认识木木也有好多年了。几年前，她从朝九晚五稳定的工作中离开，“半路出家”开始以自己热爱的图像设计为生。目前是一位自由职业者，在工作中当然也经常和客户商谈合作项目。

几个月前当我们谈这本书的项目时，木木很开心，因为她正对谈判产生了很大兴趣。原因是她告诉我们她觉得自己不擅长谈判，有些客户的项目感觉明明可以谈成，但又经常莫名谈崩了。所以一开始她就对这本书有很大的期待，希望在创作过程中，也能吸收谈判的理念和方法。这也让我俩压力更大的同时，也有了更多动力。

这几个月，随着书稿的逐渐完成，不知道是为了更好的图像创作太沉浸，还是为了更好的业绩太投入。木木渐入佳境，经常和我们说对于谈判有了新的感悟和启发，其中有几次印象深刻的谈论。

有一次她说："我注意到在跟客户沟通的时候，慢慢开始有意识想起书中的心态和方法，仿佛有个声音，告诉自己应该用什么样的方式跟客户沟通，虽然有些还没能完全做到，但感觉已经有了一个谈判的框架在头脑中了，这样的感觉很好。"

那让我和梅老师非常触动，其实真的有很多非常需要提升谈判能力的人，有时候可能只是缺一点这方面的知识和方法，就可以由一个"门外汉"式的谈判者成为一个对谈判有框架和觉察的谈判者。这其实也是我们写此书的初心。

谈判从"自然发挥"到"有章可循"，就是一个由量的积累到质的改变。很多学员，包括我俩都是这样经历过来的。

最近一次，木木说："上次谈判，用了其中的几个方法，但感觉没用好，虽然结果不差，还是心里挺难受的。”我能感受到她是有一些挫败感的。

其实无论是谁，当开始尝试使用新方法的时候，就已经是一个值得庆祝的事情了。我们更关注的是此刻，比昨天、比上一刻，是不是更接近了自己的目标。而且根据培训中经典的“2-8原则”，10个人看到一个新方法，只有2个人会真的采取行动。就已经跑赢了少8个同行者了。

“先完成，再完美。”谈判不争对错，也无须自责。只要目标在推进，能力在增长，就值得为此感到高兴。无论我们学任何新技能，在一开始使用中，一定会有些“蹒跚”，有些“笨拙”，但这又有什么关系，除了天才，谁不是这么过来的呢?

正所谓：“去做就有50%的成功概率，不去做一定是0%的成功概率，不管试成功了，还是成功试了，要么学到、要么赚到，总之不会亏掉。”

多接纳自己，多看到自己的改变和成长。生活中才会更有更多的信心和乐趣。

当看到木木这几个月一直在不断尝试用新方法收获了一些新客户，达成了新合作。更重要的是她自己感到对于谈判的信心更强了，和客户的关系也更拉近了。我们也由衷地为她感到高兴。

如果把木木看作是读者群的一个缩影。不知她的故事给大家怎样的启发和触动。但至少让我们更加坚信：通过系统的学习和刻意的练习，人人或早或晚都可以成为一名优秀的谈判者。

相信你也可以！

这本书的阅读完毕不是一个结束，而在工作和生活中的实践才是其另一个新的开始。